EVROPA

Gert Raeithel

»Go West«

Ein psychohistorischer Versuch über die Amerikaner

Zweite erweiterte Auflage

Europäische Verlagsanstalt

Die Deutsche Bibliothek – CIP-Einheitsaufnahme

Raeithel, Gert:
»Go West«: ein psychohistorischer Versuch über die Amerikaner/
Gert Raeithel. – Neuaufl. – Hamburg: Europ. Verl.-Anst., 1993
ISBN 3-434-50017-0

Erstausgabe: Frankfurt am Main, 1981
Umschlaggestaltung: MetaDesign Berlin:
Uli Mayer (Reihenkonzeption),
Heike Nehl (Titelgestaltung)
Motiv: Robert Frank, *34th Street* (1989)
Signet: Dorothee Wallner nach Caspar Neher »Europa« (1945)
Herstellung: DIE HERSTELLUNG, Stuttgart
Satz: Steffen Hahn, Kornwestheim
Druck und Bindung: Graphischer Großbetrieb Friedrich Pustet, Regensburg
Printed in Germany 1993

INHALT

AUSWANDERUNG UND NATIONALCHARAKTER

Europa hat sich im 20. Jahrhundert gerne mit der Erklärung beholfen, daß in den Vereinigten Staaten manches komplex und vieles ambivalent sei. Das weiß jetzt jeder und es hilft dem Wissen nicht weiter. Um einen Schritt voranzukommen, will ich eine bestimmte These durch vielfältiges Material hindurchverfolgen, um einen Grundzug der amerikanischen Kultur bloßzulegen. Meine These klingt nur auf den ersten Blick etwas geheimnisvoll: *Die psychische Konstitution der Auswanderer und die amerikanische Umwelt ließen einen Charaktertypus entstehen, der sich durch schwache Objektbeziehungen auszeichnet.* Schwache Objektbeziehungen sind das hervorstechende Merkmal der Amerikaner – im Guten wie im Bösen. »Objekt« bezieht sich dabei in der Terminologie der Psychoanalyse auf Personen und Sachen. Wenn ich Amerikaner sage, meine ich damit den modalen Nordamerikaner*, dessen Grundeigenschaften den Angehörigen der ethnischen Minderheiten übermittelt werden oder übermittelt werden sollen.

Nach Wittgenstein ist einseitige Diät eine Hauptursache philosophischer Krankheiten. Es wäre falsch, den Typus mit schwachen Objektbeziehungen zu verabsolutieren; es gibt Übergangsformen zu starken Objektbeziehungen. Um aber die vorherrschenden Faktoren herauszuarbeiten, ordne ich die starken Objektbeziehungen Europa, die schwachen Objektbeziehungen Amerika zu.

In der herkömmlichen Interpretation der Auswanderungsmotive unterscheidet man gemeinhin zwischen Pull-Faktoren und Push-Faktoren. Mit den Pull-Faktoren meint man diejenigen Eigenschaften, die Amerika als Auswanderungsziel besonders attraktiv erscheinen lassen. Die Push-Faktoren beziehen sich auf widrige Umstände in europäischen Ländern, die den Auswanderer gewissermaßen nach Amerika treiben. Meist kommen beide Faktoren zusammen.

Besonderer Beliebtheit unter den älteren Auswanderungsforschern erfreute sich die Mischpoke-Theorie oder – vornehmer ausgedrückt – die

* Als *modal* wird eine gedachte Person bezeichnet, die in sich die nach der Häufigkeitsverteilung vorherrschenden Merkmale einer Gesellschaft vereinigt.

der ökonomischen Motivation: Die Armen und die Taugenichtse wanderten aus, die Fähigen und Begüterten blieben daheim. Man weiß heute, daß Armut kein zentrales Motiv beim Auswanderungsentschluß sein mußte. Aus den Gegenden Englands, Deutschlands und Schwedens etwa, in denen im 19. Jahrhundert die Not am größten war, fand so gut wie keine Auswanderung statt. Ubi panis ibi patria sei das Motto aller Auswanderer, hatte Crèvecoeur geschrieben. Kein Gedanke. Der typische Auswanderer war nicht der Tagelöhner, der seine letzte Kartoffel verspeist hatte, trotz des immer wieder vorgebrachten irischen Gegenbeispiels*. Soziale Verhältnisse wirkten sich seit der Spätrenaissance vielleicht kolonisierungsfördernd aus, die Auswanderungsbereitschaft haben sie nicht automatisch erhöht. Im 16. Jahrhundert entstand ein breites Proletariat, die Einfuhr von Edelmetallen wirkte preistreibend, der Preis für Rindfleisch stieg zwischen 1548 und 1588 um das Vierfache, um nur ein Beispiel zu nennen. Die Verbrechensrate nahm zu. England sei übervölkert, hieß es damals. Wir täten besser daran, sagte die Aristokratie, gestört von der Fratze der Armut im Lande, wir im Commonwealth täten besser daran, Bettler, Landstreicher und Verbrecher nach Amerika abzuschieben statt sie mit Almosen zu füttern oder an den Galgen zu hängen. Daß die Armen auswandern *wollten*, geht daraus nicht hervor. Die Auswanderung der Puritaner war im großen und ganzen die Revolte einer Mittelklasse gegen ein beengendes Feudalsystem. Teile der Mittelklasse rebellierten durch Auswanderung; es fand eine *selective migration* statt. Analog muß man fragen: Wenn Bedürftige auswanderten, warum wanderten nicht alle Bedürftigen aus? Oder genauer gefragt: Warum blieb die Mehrzahl, obgleich sie sich in derselben sozialen Lage befand, dort wo sie war?

Alfred Weber beschrieb die »durch die Renaissance in die Welt gekommene Ruhelosigkeit«, personifiziert in Christoph Columbus. Im 19. Jahrhundert noch sagte Darwin: »Die Ruhelosen, die keine stetige Beschäftigung annehmen wollen – ein Überrest des Barbarentums, der ein großes Hindernis für die Kultur bildet –, begeben sich nach neugegründeten Kolonien, wo sie sich als nützliche Pioniere erweisen.« Warum gab es Kolonisten und Kolonisatoren, die von dieser Ruhelosigkeit erfaßt wurden, während andere nicht für Geld und gute Worte ein Schiff bestiegen, geschweige in der Wildnis ein neues Leben angefangen hätten? Es fand

* Vor der irischen Massenauswanderung nach der Kartoffelmißernte von 1845 waren zahlreiche der wohlhabenderen irischen Handwerker und Bauern ausgewandert.

offenbar eine Selektion statt. Auch dies erkennt die orthodoxe Geschichtsschreibung an, tut sich aber schwer, dabei nicht in rassistische Dschungel zu geraten. Reiselust und Auswanderungsentschluß seien eine Frage des Temperaments. Es gingen die Vorwärtsstrebenden, die Hoffnungsvollen, die Optimisten, die *up-and-coming*. Es blieben zurück die Trägen, die relativ Zufriedenen, die Resignierten. Der Auswanderungsentschluß bedeutete »getting out from under, the first step on the road up« – den ersten Schritt auf dem Weg nach oben zu tun. Nur, was machte den einen Europäer *up-and-coming*, den anderen *down-and-staying*? Man gewinnt nichts, verwendet man die Begriffe Optimismus, Tatkraft, Hoffnung, Vorwärtsstreben, denn das sind keine wissenschaftlichen Begriffe und sie können als Phänomene nicht auf ihre Ursachen reduziert werden.

Zum ökonomischen Motiv gesellt sich das politische Motiv, sagen die Historiker alter Schule, die Suche nach Freiheit. Auf der Freiheitsstatue stehen die abgeblaßten Verse »give me your tired, your poor, your huddled masses yearning to breathe free . . .« Warum gab es Mühselige und Beladene, die auswanderten, um freier atmen zu können, während andere dieses Bedürfnis entweder nicht verspürten oder ihre Unfreiheit ertrugen? Das kann mitunter an Zufälligkeiten gelegen haben, an persönlichen oder familiären Imponderabilien. Aber durch Zufall oder von Geisterhand wurden nicht ganze Dörfer, ganze Landstriche in Auswanderer und Seßhafte geschieden. Wer aufs Geratewohl auswanderte, tat dies eher im Sinne einer Herausforderung des Zufalls. In der Auswanderungsforschung gibt es keine einer psychologischen Inspizierung gewachsene Erklärung für den Freiheitsdrang der Auswanderer. Der Freiheitsdrang ist etwas »Gottähnliches«, hatte George Bancroft verkündet, und viele haben dem Erzvater der amerikanischen Geschichtsschreibung des 19. Jahrhunderts bis in unser Jahrhundert hinein geglaubt. General Patton impfte vor der Invasion Italiens im Jahr 1943 seinen Truppen einige gern zitierte Kernsätze ein:

> »Sobald wir landen, werden wir auf deutsche und italienische Soldaten stoßen, die anzugreifen und zu vernichten unser Vorrecht ist und uns zur Ehre gereicht. Viele von Euch haben deutsches oder italienisches Blut in den Adern, seid aber eingedenk, daß diese eure Vorfahren die Freiheit so sehr liebten, daß sie deretwegen Familie und Vaterland aufgaben und auf der Suche nach Freiheit den Ozean überquerten. Die Vorfahren der Leute, die wir töten werden, brachten den Mut zu diesem Opfer nicht auf und blieben Sklaven.«

Der Schlüsselsatz lautet im englischen Original »These ancestors of yours so loved freedom that they gave up home and country to cross the ocean in search of liberty.« Warum? Lohnt es sich darüber nachzugrübeln? Woher kam der Freiheitsdrang? Woher nahmen die einen den Mut, die Energie, den Tatendrang, die Dreistigkeit? Mut und Freiheitsdurst sind wiederum keine wissenschaftlichen Begriffe, sie lassen sich als Phänomene abermals nicht auf ihre Ursachen zurückführen. Angenommen, es wanderten solche Personen aus, denen die Freiheit teurer war, die ihr Glück und ihr Wohlergehen aktiver und intensiver verfolgten als die Daheimgebliebenen, dann typischerweise nicht deshalb, weil die Auswanderer unter stärkerem wirtschaftlichem oder politischem Druck standen als die Zurückbleibenden. Direkter Druck lastete auf allen. Allen – außer den Privilegierten – waren Beschränkungen auferlegt. Die einen wollten sich von den Beschränkungen freimachen, die anderen empfanden die Beschränkungen nicht als lästig genug, vermochten sich zu fügen oder zogen die entsagungsreiche Gegenwart einer unbekannten Zukunft vor.

Für die Auswanderung aus der Pfalz im 19. Jahrhundert werden folgende Ursachen namhaft gemacht: die Verlagerung des politischen Schwergewichts vom Rhein nach Berlin und Wien; die Auflösung des Marktes und daraus resultierende Versorgungsschwierigkeiten; soziale Reibungen durch Zuwanderung; Mißernten; die »rheinische« Mentalität. Carl Schurz etwa glaubte, sein »elastisches rheinisches Blut« würde ihm in Amerika schon weiterhelfen. Nicht unerwähnt bleibt die führende Rolle von Schweizer Mennoniten, denen sich auswanderungswillige Pfälzer an die Fersen hefteten. All das ist der Feld-Wald-Wiesen-Forschung heute bekannt. Aber warum gab es Pfälzer, die von der Auswanderungslust der Mennoniten nicht angesteckt wurden? Es muß einen »individualpsychologischen« Grund geben. Ein altes Inventarstück der Auswanderungsforschung besagt, daß ein psychologischer Hang zur Mobilität dagewesen sein mußte (»a psychological proclivity to mobility«). Bloß wenn es daran ging, den psychologischen Hang wissenschaftlich zu ergründen, ist man unauffällig zu soziologischen und historischen Fakten übergeschwenkt, dann waren es halt wieder die Jungen, die Rastlosen, die Freiheitsdurstigen, die Ausgepowerten, die ausgewandert sind. Es fehlt bisher ein wissenschaftlich haltbares Unterscheidungsmerkmal.

Ich spreche hier hauptsächlich von freiwilligen Auswanderern. Deportierte, Strafgefangene, politische Flüchtlinge im engeren Sinn, Polizeiwild, Sklaven sind unfreiwillige Emigranten, ebenso Personen, die arglistig oder gewaltsam nach Amerika gebracht oder Kinder, die gekidnappt oder ihren Eltern abgekauft und zum Arbeiten verschleppt wurden. Es gibt Grenzfälle zwischen Freiwilligkeit und Unfreiwilligkeit, wie etwa die gescheiterten Offiziere, die nach Amerika gingen, um auf ein Comeback zu warten. Nicht im Zentrum der Untersuchung stehen Frauen, die in der Überzahl abhängige Auswanderer *(dependent migrants)* waren. Ihr Einfluß auf den Auswanderungsentschluß ist kaum nachprüfbar, wohl aber ihre Gemütsverfassung im neuen Land. Ich glaube verallgemeinern zu können, daß es der Frau schwerer fiel, die Bindung zur alten Heimat zu lösen und in Amerika einigermaßen glücklich zu werden als dem Mann.

Es gab Brüder, die in verschiedene Teile der Welt auswanderten, nach Amerika, Australien, Neuseeland. Es soll Brüderpaare gegeben haben, die darum würfelten, wer auswandern durfte, weil das Überfahrtsgeld äußerstenfalls für einen reichte. Der exemplarische Fall ist freilich der, daß ein Bruder auswanderte, während der andere keine Neigung dazu verspürte. Selbst wenn man Faktoren wie die Primogenitur in Rechnung stellt, ist das auffällig. Beide Brüder waren unter denselben Bedingungen aufgewachsen, hatten dasselbe Schulsystem durchlaufen, dieselben sexuellen Erfahrungen erworben. Es muß eine tieferliegende psychologische Differenz zwischen den beiden geben.

Diese psychologische Differenz besteht zwischen Amerikanern und Europäern fort. Bei den Ausgewanderten entstand ein Affekt gegen die Daheimgebliebenen und umgekehrt. Der Affekt wurde als kultureller Archetypus späteren Generationen übermittelt. Es entstand ein Wir-Ihr-Verhältnis. Die Daheimgebliebenen sagen: Ihr habt uns und die Heimat im Stich gelassen. Die Auswanderer und ihre Nachkommen halten dagegen: Ihr und eure feigen Vorfahren habt eure Ketten geküßt, ihr seid nicht nur materiell und zivilisatorisch zurückgeblieben, sondern auch moralisch.

Nicht immer war der Auswanderungsentschluß absolut freiwillig. Mancher Interessent mußte erst von Agenten und pompösen Werbefeldzügen aufgeheizt, mit Alkohol, Krakeel und Versprechungen verleitet werden. Aber auch diese Auswanderer hatten das Gefühl eines ganz persönlichen Abenteuers, das man gewagt hat, das einen abhebt und erhöht gegenüber dem Bruder, dem Nachbarn, dem abgelebten Europäer. Wer seinen Auswanderungsentschluß bereute, hatte die Möglichkeit der Rückwanderung. Personen, die gleichsam aus Versehen nach Amerika gekommen waren, spielten keine, eine untergeordnete oder eine unterdrückte Rolle bei der Formierung des amerikanischen Nationalcharakters, denn in einem Gemeinwesen herrscht nicht nur ein »somatisches Normen-Image« vor, eine

Vorstellung davon, wie die Mitglieder des Gemeinwesens äußerlich beschaffen sein müssen, sondern auch ein seelisch-mentales.

Der amerikanische Nationalcharakter wurde geprägt von der Persönlichkeitsstruktur der Auswanderer, den naturwüchsigen und den geschaffenen Bedingungen in Amerika. Persönlichkeit und Umwelt korrespondieren miteinander. Gelingt es, die Persönlichkeit des Auswanderers in ihrer Interaktion mit der Umwelt zu durchleuchten, kommt die innere psychologische Realität zum Vorschein, auf der sich eine Theorie der amerikanischen Kultur aufbauen läßt. Sicherlich bewege ich mich hier auf einem hohen Verallgemeinerungsniveau. Mir ist ebenfalls bewußt, daß ich mit der Natur der Objektbeziehungen als Unterscheidungsmerkmal Neuland betrete und daß einer, der Neuland pflügt, gerne untergepflügt wird.

BAYERISCHE AUSWANDERER

In den jährlichen Auswanderungsstatistiken königlich-bayrischer Ämter stößt man auf die groben Motivationskategorien wie Arbeitslosigkeit, Familienzerwürfnisse, Bedürftigkeit, bei Frauen der Wunsch, einen Ehemann zu finden. Armut war mitunter ein vorgeschobenes Motiv der Auswanderungswilligen, die von Gesetzes wegen der Genehmigung Sr. Majestät bedurften, um aus dem bayerischen Untertanenverband entlassen werden zu können. Viele gingen aus Mangel an Verdienst, Mangel an Subsistenz, wegen Erwerbslosigkeit oder ganz unspezifischer »drükkender Verhältniße«. Vorbestrafte, angeblich Arbeitsscheue und Außenseiter wurden gelegentlich zur Auswanderung ermutigt, aus dem Land geekelt oder mit finanzieller Unterstützung der Gemeinde auf den Weg gebracht. Bei den fünf Auswanderern, die 1853 Altötting verließen, spielte der »Wunsch der Gemeinde und der Angehörigen, ihre übelbeleumundeten und arbeitsscheuen Individuen zu beseitigen« eine Rolle. Mit dem Segen der Gemeinde ging ein Oberbayer, der schon einige Jahre wegen doppelten Raubmords abgesessen hatte. Die Behörden halfen mitunter nach, wenn einer das nötige Reisegeld – um 1850 stattliche 400 Gulden – nicht aufbringen konnte. Ein 35jähriger lediger Schneidersohn und Taglöhner namens Gabriel Schmid aus Traunstein wurde 1848 von Mutter und Schwestern mit dem Überfahrtsgeld ausgestattet. Das Landgericht Traunstein befand: »Schmid war ein schlecht beleumundetes Sujet, das eben deßwegen, weil ihm das Zwangs Arbeits Haus sehr nahe stand, sich nicht mehr zu halten wußte, und daher allen Grund zur Auswanderung finden mußte.« Aus dem Landkreis Tegernsee wanderte im selben Jahr ein Holzarbeiter aus, auch er ein »übelbeleumundetes Individuum«, mit der Absicht, »sich der über ihn verhängten Polizeihaft zu entziehen«. Demnach war es möglich, das Land auch ohne amtliche Erlaubnis zu verlassen. 1852 kehrte ein »liederlicher Bursche« Pfaffenhofen für immer den Rücken. Er war bis dahin von Verwandten unterstützt worden.

Ledige Frauen wanderten fast ausschließlich zum Zwecke der Verehelichung aus, wie es im Amtsdeutsch hieß. Eine unverheiratete Dienstmagd aus Tittmoning reiste 1852 mit ihrer Herrschaft ab, »in der Hoffnung in Amerika leichter eine Versorgung zu finden, welche sie in der Heimath wegen geringem Heiratsgut nicht zu gewärtigen hat«. Ein Fall ist mir bekannt, der davon abweicht. Eine Katharina Gärtner aus Haag, fünfzig Kilometer vor München, hatte sich früher »in Gefolgschaft sehr verdächtigen Gesindels« aufgehalten und vor Gericht gegen die Freunde ausgesagt. Sie fürchtete deren Rache und wanderte 1851 aus.

Dem Psychohistoriker eröffnen sich im Papierdeutsch der Amtsakten Einblicke in die psychische Grundverfassung der Auswanderungslustigen, die gegen die Mischpoke-Theorie sprechen. Am häufigsten tauchen in den amtlichen Unterlagen im Komparativ umschriebene Motive auf: Hoffnung besseren Verdienstes, Hoffnung, ihre Lage zu verbessern, der Wunsch nach Verbesserung der bisherigen Lage, Hoffnung auf größeren Verdienst, Hoffnung auf Verbesserung ihrer Verhältnisse, Gründung einer besseren Existenz, eine freiere Lebensweise, bessere Existenz suchen, Hoffnung einer besseren Zukunft, Hoffnung eines besseren Loses, Hoffnung einer glücklicheren Zukunft – Tausende von Einträgen in den Motivstatistiken von Orten wie Erding, Freising, Rain am Lech, Schongau, Neumarkt, Wolfratshausen und Laufen zeugen von der wieder und wieder geäußerten Hoffnung auf ein Leben, das besser ist als das, welches man bisher führte. Für die Jahre 1857 und 1858 fassen die bayerischen Regesten gültig zusammen: »Die Beweggründe zur Auswanderung sind bei den Familien Hoffnung, ihre Lage zu *verbessern*, bei den ledigen Personen die Hoffnung und Aussicht, sich *eher* und *leichter* verehelichen zu können, sowie die Hoffnung auf *höheren* Lohnerwerb und *freiere* Lebensweise.« Der eine Satz enthält fünf grammatikalische Steigerungsformen. Zum Prinzip Hoffnung, das den Komparativ so oft verlangt, tritt das Moment der Bewegung. Auch dieses findet seinen Niederschlag in der Amtssprache. Leichteres Fortkommen, besseres Fortkommen, weiteres Fortkommen wird immer wieder von den Antragstellern als Motiv angegeben, die sich mit ihrem »kümmerlichen Fortbringen« nicht mehr länger zufriedengeben wollten.*

»Reiselust im allgemeinen« wurde namhaft gemacht. Ein Bayer, der schon jahrelang in Frankreich und Italien gelebt, also schon eine gewisse Grundmobilität bewiesen hat, schreibt 1811 an den König, nun wolle er nach Amerika auswandern, da ihm »kein Welttheil zu weit entlegen, keine Beschwerde zu groß ist, wo ich nicht mit meinen gesunden Knochen hinzukommen mir getraut.«

* Unfreiwilligen Humor zeigte eine Behörde bei der Motivaufgliederung von 15 Emigranten aus München: »13 zu einem besseren Unterkommen, 2 wegen Verehelichung«.

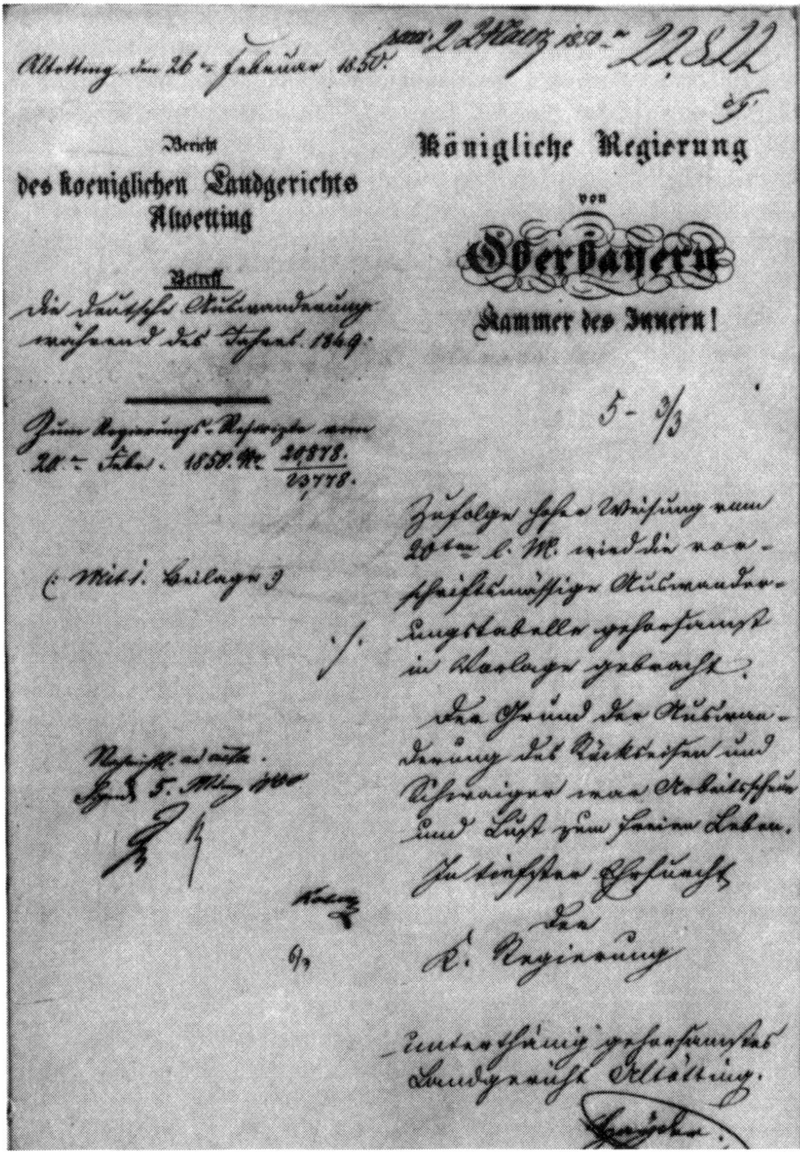
Altötting den 26ten Februar 1850.

Bericht des koeniglichen Landgerichts Altoetting

Betreff

die deutsche Auswanderung während des Jahres 1849.

Zum Regierungs-Rescripte vom 20ten Febr. 1850. Nr. 20878/23778.

Mit 1 Beilage

Königliche Regierung von Oberbayern Kammer des Innern!

Zufolge hoher Weisung vom 20ten l. M. wird die vorschriftsmässige Auswanderungstabelle gehorsamst in Vorlage gebracht.

Der Grund der Auswanderung des [illegible] und [illegible] war Arbeitsscheu und Lust zum freien Leben.

In tiefster Ehrfurcht der k. Regierung

unterthänig gehorsamstes Landgericht Altötting.

Das unterthänig gehorsamste Landgericht Altötting unterstellte 1850 zwei Auswanderern die Motive »Arbeitsscheu und Lust zum freien Leben«.

Die Behörden bringen in der Regel nicht das mindeste Verständnis für die Antragsteller auf. Sie assoziieren die Sehnsucht nach einem besseren Fortkommen und einem freieren Lebensstil mit Arbeitsscheu und Hedonismus. Neun Wasserburgern wird 1853 das Motiv unterstellt, sie wollten mit weniger Arbeit ein angenehmeres Leben führen als im Vaterland. Das gleiche finden wir 1848 in Tegernsee: »Grund dieser Auswanderung war der Glaube, bei geringerer Arbeit besser leben zu können.« Oder an einem anderen Ort noch krasser: »die Hoffnung, in Amerika ohne Arbeit u. Mühe ein freudenvolles Leben führen zu können«. Das ist der Affekt der Seßhaften gegen die Mobilen. Unverständnis und milde Verachtung schlagen mitunter in Herablassung oder reinen Hohn um: »Huber war früher Student; er ist als solcher an keiner Studienanstalt mehr angenommen worden. Eine Profession wollte er auch nicht lernen. Da hat er gemeint in Nordamerika ein besseres Los zu finden . . .«

Die königlichen Amtsstubenseelen können nicht begreifen, daß die Auswanderer entschlossen sind, den Sprung ins total Unbekannte zu wagen. Über eine Gruppe von dreißig Pfaffenhofenern heißt es 1853, die meisten gingen »ohne bestimmten Anhaltspunkt, lediglich gestützt auf einen eingebildeten Glücksstern«. Wer auswandert, schreibt ein anderes Amt, gibt sich einer »trügerischen Hoffnung« hin. Auswanderern aus Giesing, Haidhausen und der Au wurde 1852 eine »imaginäre Hoffnung besseren Erwerbes« nachgesagt.

Nur vereinzelt wird der Auswanderungswunsch in statischen Begriffen ausgedrückt: Ansässigmachung, Begründung des Familienglücks, Hoffnung auf nachhaltig gesicherten, selbständigen Nahrungserwerb. Meist vermögen die königlichen Beamten eine solide Grundlage nicht zu erkennen, und sie ist ja auch tatsächlich selten dagewesen. Ein »Anwesensbesitzer« und Hoflieferant, der nach Pennsylvanien wollte, teilte den Behörden in seinem Gesuch zur Beruhigung mit, daß er »sofort, wie ich mit meiner Familie ankomme, daselbst schon einen bestimmten stabilen Platz zu meiner Ansiedlung habe«. Nicht allen war es gegeben völlig ins Leere zu springen, es gab Auswanderer unter Vorbehalt. Ein Tändler zu Rain machte dem König folgenden Vorschlag: »Ich habe dahier noch ein häusliches Anwesen im geringen Anschlag von 2000 fl., worauf zur Zeit 600 fl. Hypotheken haften. Bis ich nun in Amerika meine Sachen bereinigt habe, will ich das hiesige Anwesen nicht veräußern, und folglich meine Heimath dahier nicht aufgeben; ich glaube daher, daß die förmliche Entlassung aus dem Unterthansverbande vorläufig noch suspendirt werden möchte.«

Das sind Einzelfälle. Der typische bayerische Auswanderer hatte im Sinn, die Brücken abzubrechen, und zwar endgültig. Bei manchen waren die äußeren Bindungen vorher nie besonders eng gewesen. Unehelich Geborene sind unter den bayerischen Auswanderern des 19. Jahrhunderts überrepräsentiert. Andere haben die äußeren Bindungen bewußt gelöst. Es gibt Ehemänner, die sich heimlich nach Amerika davonmachten, ohne der Frau vorher Bescheid zu sagen. Das alles sind klare Fälle, die keiner weiteren Erläuterung bedürfen. Wichtiger sind die, in denen eine vom Unbewußten gesteuerte Bindungslosigkeit möglicherweise der Grund dafür ist, daß sich Menschen, die unter denselben äußeren Bedingungen leben, unterschiedlich verhalten.

Im Idealfall hat man zwei Brüder in einer Auswanderungssituation. Ein Johann Schmied aus Landsberg ist Anfang des 19. Jahrhunderts nach Kuba ausgewandert. Später fordert er seinen Bruder Anton auf, er möge doch mit seiner Familie nachkommen. Anton ist grundsätzlich bereit dazu. 1819 schreibt er einen Brief an den König mit der untertänigsten Bitte, auswandern zu dürfen. Gleichzeitig erbittet er sich aber die Gunst, sein Bürgerrecht für Landsberg behalten zu dürfen. Er will sich absichern. Falls es ihm in Havanna nicht gefällt, möchte er ohne Umstände in seine Heimat zurückkehren können.

SCHWEDISCHE AUSWANDERER

Ich möchte nun anhand schwedischer Auswanderer meine Interpretation ein Stück weiterbringen. Religiöse Unterdrückung war kein starker Antrieb für die Auswanderung aus Schweden, ebensowenig die Angst vor dem Wehrdienst. In Schweden und in den meisten anderen europäischen Ländern durften Wehrpflichtige überhaupt nicht auswandern (Ausnahme: Großbritannien). Materielle Bedürftigkeit war von Anfang an kein entscheidender Auswanderungsgrund. In den nördlichen Gebieten Schwedens, dort wo um die Mitte des 19. Jahrhunderts die Hungersnot am größten war, gab es zu dieser Zeit so gut wie keine Emigranten. Nirgendwo in Schweden wanderten die Ärmsten aus. Die orthodoxe Auswanderungsforschung machte »Trägheit oder Bequemlichkeit« dafür verantwortlich und ließ es dabei bewenden. In Schweden wie auch in Norwegen waren die Amerikafahrer vornehmlich solche Personen, die schon vorher vom Land in die Stadt oder von einer Stadt in eine andere gezogen waren. Sie brachten eine gewisse Grundmobilität mit, die man bisher konstatieren aber nicht weiter auf ihre Ursachen zurückführen konnte. Ein Zusammenhang zwischen Mißernten und verstärkter Auswanderung läßt sich in Schweden ebenfalls kaum nachweisen, höchstens im Negativen: Mißernten korrelieren eher mit sinkenden Auswanderungszahlen.

Seßhafte Schweden vermochten einen Auswanderungsbeschluß niemals als zwingend anzuerkennen. Die Honoratioren eines Ortes haben mit Eifer versucht, Auswanderungslustige von ihrem Vorhaben abzubringen. Ein Pastor berichtet 1854 von seinen kirchturmpolitischen Bemühungen: »... Ich sprach vom wahren Vaterland und sagte, daß ein Mensch dieses Land vor allen andern suchen sollte und wies ebenfalls darauf hin, welch eine wertvolle Gabe ein irdisches Vaterland ist, samt Haus und Familie etc. und daß ohne einen Ruf von Gott oder die Gefährdung der Seele niemand sein Heimatland im Stich lassen sollte und daß diejenigen, die all diese Vorteile sorglos und gedankenlos gegen etwas Unsicheres eintauschen, undankbar sind und töricht handeln.« Vergebne Liebesmüh, wie auch bei dem gestrengen Pfarrherrn einer schwedischen Stadt, der einem Auswanderungswilligen mit starken Worten ins Gewissen redete: »Du weißt sicherlich, daß du gegenüber deinem Geburtsland ein Unrecht und gegenüber Gott eine Sünde begehst, wenn du auf diese Weise dich und deine Familie in Gefahren stürzt, von denen du keine Vorstellung hast.« Der Geistliche projiziert seine eigene Furcht auf den Antragsteller. »Mit Schaudern denke ich an die Gefahren, die mit dem Überqueren des großen Ozeans zwischen hier und Amerika einhergehen.« Der Auswanderer nahm diese Gefahren in Kauf, empfand sie sogar als inneres oder uneingestandenes Bedürfnis, wie ich später zeigen will.

War der Entschluß gefaßt, die Genehmigung erteilt, die Papiere ausgestellt, mußte der Auswanderer zuletzt die Kommentare der Freunde und Nachbarn ertragen. Die einen beklagten das Schicksal des Abreisenden, sahen Havarie und Hungertod voraus oder die Möglichkeit, in die Hände der Türken zu fallen. Andere hegten im Stillen den Wunsch mitzukommen und wären es vielleicht, wenn sie nur die Mittel dazu gehabt hätten. Erneut stehen wir vor zwei charakterologischen Typen: diejenigen, die gewillt sind, ihre Bindungen zu lösen und alles Vertraute hinter sich zu lassen und diejenigen, denen diese Handlungsweise unnatürlich und frevelhaft vorkommt und die davon überzeugt sind, daß man sich dabei nur die Flügel verbrennen kann.

Manche Eltern haben ihren Kindern die Auswanderung nie verziehen. Eine schwedische Mutter schreibt 1848 an die abtrünnige Tochter und den Schwiegersohn: »Ihr könnt Euch die Sorgen und all das Leid, das Ihr meinen schwachen Schultern aufgebürdet habt, wohl vorstellen, als Ihr die irdischen Güter, die Gott Euch zugeteilt hat, im Stich gelassen habt, an allererster Stelle Euren jetzt verstorbenen Vater und mich. Dann, als ich Euch, liebe Kinder, mit Gottes gnädiger Hilfe und Unterstützung als Erben einsetzen wollte, habt Ihr es nicht als Gottesgabe betrachtet, sondern wie etwas Giftiges, das Euch zurückstößt ...«. Für die Gleichgültigkeit von Auswanderern gegenüber Personen und Sachen fehlt den Zurückgebliebenen das Verständnis, weil sie psychisch unterschiedlich angelegt sind.

Der Auswanderer hat – um auf die zentrale These zu kommen – ein anderes Verhältnis zu Objekten als der Nichtauswanderer. Ein junger Schwede schreibt nach Hause, er sei nach Amerika gegangen, weil ihn eines guten Tages das Verlangen packte, etwas anderes zu sehen als Bett und Schrank; die vertrauten Gegenstände störten ihn. Er findet Gefallen daran, daß man sich in Amerika selbst seinen Weg bahnen muß, daß man Objekte zur Seite räumen kann, daß man so oft umzieht und nicht mehr nur an einem Ort verweilt. Ein anderer beschreibt enthusiastisch die Topographie Nebraskas; dort gäbe es keine Steine, keine Strünke, die den Pflug des Bauern behindern – »nichts steht uns im Weg außer der Sprache«. Der Verlust von Objekten wird nicht als tragisch, das Aufgeben alter und die Hinwendung zu neuen Objekten sogar als erstrebenswert empfunden. Es ist eine geläufige Erscheinung, daß die Siedler sich in Amerika ein Stück Land kauften, ein Haus darauf errichteten, den Acker bestellten. Sobald eine gewisse Wohnlichkeit erreicht war, sobald sie sich als seßhaft bezeichnen konnten, verkauften sie ihr Anwesen, zogen ein Stück weiter nach Westen und begannen die Prozedur von neuem.

Englische und schottische Bauern und Fabrikarbeiter wanderten in den wenigsten Fällen wegen nackter Armut aus. Der gemeinsame Nenner ihrer Auswanderungsmotive läßt sich am besten wieder in der Steigerungsform ausdrücken. Britische Auswanderer wollten ihre Lage verbessern, sie wollten sehen »whether or not they did better than they had in Britain«, sie waren bereit, mit ihrem Leben zu spekulieren und am Glücksrad zu drehen. Dem spekulativen Impuls konnte etwas Schwärmerisches anhaften. Ein Auswanderer aus Liverpool dichtete im Jahr 1820:

I will fly to some fast wilderness
some contiguity of shade
where rumer (sic) of oppression and deceit
never shall reach me more.

Der Auswanderungsdrang erweist sich gelegentlich als unwiderstehlich. Ein Arbeiter will nach Amerika gehen, da bietet ihm der Chef mehr Lohn, um ihn zum Bleiben zu bewegen. Der Mann bleibt noch ein Jahr, dann hält ihn nichts mehr – »I had the fever on« – das Fieber hat ihn gepackt.

Einmal in den Vereinigten Staaten, kommt die Bewegung der Auswanderer nicht zum Stillstand. Der Mann, der 1820 das schwärmerische Gedicht fabrizierte, erreichte nach einem halben Jahr Cincinnati und schrieb im PS. eines Briefes »Ich reise sofort von hier 700 Kilometer weiter – nach WESTEN«. Ein anderer arbeitete sechs Monate auf einer Farm, »dann suchte ich mit leichtem Herzen und ebenso leichten Taschen mein Glück im Westen«.

»Ich ziehe ständig umher*«, meldete ein dritter aus Pittsburgh. Der Wandertrieb war keineswegs eine exklusive Eigenschaft der Jugend. Es gibt Fälle, wo der Sohn den Hof erhielt und der Vater auswanderte. Ein 60jähriger Brite notierte sich nach seiner Auswanderung: »Die Welt liegt vor mir, ich kann wählen was ich will, die Vorsehung wird mich leiten.«

* »I am always moveing (sic) about.«

Wieder und wieder kommt es in Amerika zu einer zweiten Emigration, nicht nur, wenn ein Familienvater die Seinen gnadenlos im Osten zurückläßt, weiter nach Westen vordringt und nie mehr von sich hören läßt. Der Wunsch eines Europäers, unabhängig zu sein – von seinen Eltern, seinem Dienstherrn, von staatlicher Autorität –, dieser Wunsch wurde durch die Auswanderung per se nicht erfüllt. Engländer wanderten aus, »um unerwünschten gesellschaftlichen Beziehungen zu entgehen, die sich aus wirtschaftlicher Abhängigkeit ergaben«. Dieses Pattern blieb auf amerikanischem Boden erhalten. Immer wieder hat man vorgebracht, die Engländer hätten sich in Amerika besonders rasch und problemlos assimiliert. Die Tatsachen lassen eine andere Auslegung zu. Englische Auswanderer fühlten sich desto unzufriedener, je mehr Fühlung sie mit eingesessenen Amerikanern aufzunehmen gezwungen waren. Je weniger Kontakte, desto weniger Konflikte – so entstand der Eindruck einer organischen Assimilation. Die Auswanderung in größeren Gruppen – mit der Absicht gegenseitiger Hilfe – war ein Experiment, das fast regelmäßig in Mißhelligkeiten und gegenseitige Beschuldigungen einmündete. Es bestand kein Verlangen, aus einer alten Abhängigkeit *(bondage)* in eine neue hineinzugeraten. Oft war selbst die Familie als Gruppe zu groß, Vater oder Söhne setzten sich ab, mitunter erst nach einigen Jahren. Das ist die misanthropische Komponente des amerikanischen Individualismus, die auch bei anderen ethnischen Gruppen nachweisbar ist. »Die Leute sind freundlicher hier«, schrieb ein Schwede nach Hause, »aber trauen sollte man keinem.«

Schwache Objektbeziehungen entstehen aus der seelischen Grundverfassung und aus den Umweltbedingungen. Einen britischen Einwanderer beeindrucken die Straßen von Utica, weil sie so »strait and wide« sind. Die weite, objektlose Perspektive kommt den Erwartungen und Bedürfnissen des eingewanderten Europäers entgegen. Seiner Veranlagung nach lehnt er es ab, sich an Sachen oder Personen zu klammern. »Wenn ich ein Ding nicht tun kann, tue ich ein anderes«, schreibt ein Engländer, »das ist mein Prinzip.« Unvermittelter Berufswechsel war zum Teil eine soziale Notwendigkeit im unentwickelten Westen. Der unstete Wechsel von Ort und Tätigkeit entsprang aber auch der Psyche der Einwanderer. Verluste verkraften zu können, war ein praktisches und gesellschaftliches Erfordernis, das sich in diesem Ausmaß nur durchsetzen konnte, weil die Disposition dazu da war. Das geht bis zur Herzlosigkeit. »... I had a good deal of trouble with losing my wive (sic) & one thing or another«, schreibt einer im Jahre 1849 heim nach England, »ich hatte ganz schönen Ärger weil ich

Die gängigen Darstellungen abgehärmter Zwischendeckler haben uns vergessen lassen, daß die Auswanderung als Akt der Freude, der befreienden Erlösung empfunden wurde.

meine Frau und ein paar andere Dinge verloren habe«.* Es ist seit je ein Charakteristikum des Auswanderers gewesen, sich von vertrauten Dingen und Personen trennen zu können oder sogar Erleichterung bei der Trennung zu empfinden. Der erste Yankee dann, wie man ihn genannt hat, Samuel Sewall, schrieb in sein Tagebuch: »Gegen Mitternacht verblich mein liebes Weib, zu unserer und besonders meiner großen Überraschung.«

Die Frauen unter den Einwanderern scheinen ihren alten Freundeskreis am meisten vermißt zu haben. Eine Frau spricht in der Anfangszeit den Gedanken aus, man hätte es im alten Land genauso weit gebracht. Dieselbe Engländerin schreibt aber nach einigen Jahren aus der Abgeschiedenheit des amerikanischen Westens: »Ich könnte nicht mehr in

* Die Frau ist ein aufzählbarer Gegenstand. Ein Einwanderer fordert von Texas aus in der Heimat eine Frau an: »also one wife for me, handsome etc.«

England leben nachdem ich jetzt hier in Kansas bin.« Die leichte, freie Luft habe es ihr angetan. Kansas ist ihr zum Psychotop geworden, einem durch Gewöhnung vertrauten Landschaftstyp. Starke Objektbeziehungen können sich abschwächen.

Das Umgekehrte hat es auch gegeben. Ein Auswanderer empfiehlt unter dem Eindruck des fremden Landes seinen Angehörigen in England, beieinanderzubleiben und zusammenzustehen, das sei besser als getrennt zu sein. Ein anderer beneidet seine Schwester und ihr hübsch möbliertes Haus, das sie sich nur ja erhalten soll (»never break it«). Sie möge nicht den Fehler begehen, nach Australien oder Amerika auszuwandern. Über seine eigene Lage berichtet er: »Wir ziehen recht viel umher. Ich glaube das ist der Grund, warum so viele Männer krank sind.«

Zwischen der ersten und der zweiten Emigration durfte es keine Atempause geben, selbst wenn die ständige Ortsveränderung Leid mit sich brachte. Der typische Einwanderer setzte Freiheit mit Bewegungsfreiheit gleich und mit der Freiheit von Objekten, selbst wenn er dabei einsam und bindungslos blieb, selbst wenn er dabei ins Driften geriet.

POLNISCHE AUSWANDERER

Thomas und Znaniecki interpretieren die Auswanderung polnischer Bauern *(peasants)* und Knechte *(manor-servants)* im Rahmen des Übergangs von der alten Familiensolidarität zu größerem Individualismus. Die Familienbande verlangen von jedem Familienmitglied, sich für das Wohlergehen und für das Verhalten anderer Familienmitglieder verantwortlich zu fühlen. Zwischen beliebigen, auch entfernteren und angeheirateten Verwandten wird »eine unmittelbare Nähe« angenommen und »sämtliche Haltungen des sozialen Stolzes sind primär familiär und erst sekundär individuell«. Die Familie redet mit bei der Partnerwahl, denn es geht auch um ihr gesellschaftliches Ansehen und ihr wirtschaftliches Schicksal. Der Landbesitz ist unteilbar, selbst wenn das Ackerland in hundert verstreuten Parzellen liegt. Das Land garantiert den Fortbestand der Gruppe, wird deshalb wenn irgend möglich nicht weiterveräußert und ist im Gegensatz zu zusätzlich verdientem Einkommen unantastbar. Die Erde belohnt den Besitzer und den, der sie fleißig, beharrlich und aufrichtig bearbeitet. »Jedes Feld kennt seinen wahren Eigentümer und verweigert dem Usurpator den Ertrag.« Alles was lebt, sogar alle Gegenstände haben ein Eigenleben; sie sind beseelt. Tiere sollen nur für Nahrungszwekke getötet, Bäume nur zum Eigenbedarf, nicht zum Verkauf gefällt werden. Bäume, Wiesen und Felder, sogar große Steine haben ihre eigene Individualität und tragen oft einen eigenen Namen, ebenso wie ein Drittel der Tage des Jahres einen Namen haben und nicht mit einer Zahl angesprochen werden. »... jedes Ding, das als individuell existent vorgestellt werden kann, gilt gleichzeitig als beseelt und mit einem Bewußtsein ausgestattet.« Ohne Not soll kein Gegenstand beschädigt, zerstört, beschmutzt, vernachlässigt, nicht einmal bewegt werden.

Wegen der Isolierung der Kleinfamilie kommt es zu sozialer Desintegration und stärkerer Individualisierung der Familienmitglieder. Besonders die nach Amerika ausgewanderten Polen nehmen eine Haltung der »self-importance« an. Sie fühlen sich anderen Gruppenmitgliedern überlegen und dokumentieren diese Überlegenheit etwa durch außergewöhnliche Großzügigkeit. Die Verehelichung wird als Privat-, nicht als Familiensache betrachtet. »Advance« wird wichtiger als »living«. Die »climbing tendency« weist über die Familie, die Gruppe, die Gemeinde hinaus. Traditionelle Verhaltensweisen werden besonders in der zweiten Einwanderergeneration abgelegt.

Psychologisch gesehen ist schon beim *peasant* im heimatlichen Polen die Tendenz zur Individualisierung angelegt. Der Bauer zielt auf »große Effekte« ab, mitunter wenigstens, dann will er es den Nachbarn zeigen, die ganze Gemeinde soll staunen. Daß die Auswanderung diese Tendenz verstärkt, betonen Thomas und Znaniecki. Dasselbe gilt natürlich umgekehrt: persönliche Machtphantasien erklären den Auswanderungstrieb.

Die Auswanderung erfolgt primär »immer in Erwartung der Rückkehr«, sowohl beim Auswanderer als auch bei den zurückbleibenden Angehörigen. Es gibt permanente Auswanderer, Rückwanderer, Rückauswanderer und Dreifachauswanderer. Trotz der Neigung zur Individualisierung bewahrt der polnische Emigrant in Amerika eine gewisse »stinginess« (lexikalisch »schmutziger Geiz; Filzigkeit«), die auf die traditionelle Einstellung zu (Land-)Besitz zurückgehen mag und von Anwandlungen zu Freigebigkeit unterbrochen wird. Diese »stinginess« und die Absicht zu sparen und mit dem Ersparten bald heimzukehren, hielten den Polen abseits vom Hauptstrom der amerikanischen Kultur. Der Yankee verachtete den polnischen Arbeiter, weil dieser sich mit dem Verdienst aus dem jeweiligen Job zufriedengab und nicht den großen Ehrgeiz zum Aufstieg mitbrachte.* Bis nach dem Ersten Weltkrieg gelang es kaum einem Polen, ein großes Vermögen zu erwerben.

Die seßhaften Eltern lassen oft erkennen, daß sie die ausgewanderten Kinder lieber wieder bei sich haben wollen. Oder sie bitten die Kinder, in Amerika nicht so viel herumzureisen, das sei Geldverschwendung und gefährlich. Eine Mutter rät dem Sohn, in Chicago zu bleiben, sich nicht außerhalb eine Farm zu kaufen; die Bauern hätten es so schwer, das sähe man in Polen. Die Eltern sind meist erleichtert, wenn sie hören, daß die Kinder in Amerika wieder unter Polen leben, möglichst mit Nachbarn aus dem gleichen Dorf. Die meisten lehnen es ab, im Alter zu den Kindern zu ziehen. »Wir haben nicht vor, unsere alten Knochen auf der ganzen Welt zu verstreuen.« Ein Vater gibt zu, die Reise über den Atlantik zu scheuen: »Wenn dieses Wasser nicht wäre, würde ich Euch in die Welt hinaus folgen.« Mit Briefen und Geschenken, mit der Zusendung von geweihten Oblaten wird der Kontakt aufrechterhalten. Mancher Auswanderer nahm sich eine Handvoll Heimaterde mit nach Amerika.

---

* Hier liegt vielleicht der Ursprung der grausamen Polenwitze.

CHARAKTERISTIKA EINZELNER AUSWANDERER

Der objektschwache Typus hat vier charakteristische Eigenschaften. Er liebt Entfernung und Perspektive *(distance and sight)*, er empfindet Angstlust, er hegt grenzüberschreitende Phantasien und er ist bereit zum Objektverzicht. Die meisten dieser Eigenschaften lassen sich bei Auswanderern nachweisen, sofern man Einzelheiten aus ihrer Kindheit oder ihrem späteren Leben kennt und diese nach kollektiv-biographischen Methoden untersucht.

Ehe Carl Schurz das Haus verließ, um sich in die Revolution zu stürzen und hernach nach Amerika auszuwandern, sah er aus dem Fenster seiner Bonner Wohnung. Von dort hatte er »einen freien Blick auf den Rhein und das Siebengebirge, jene Aussicht, die an Lieblichkeit in der ganzen Welt ihresgleichen sucht«. Als Revolutionär ist ihm die liebste seiner Pflichten »die Observation von der Höhe des Schloßturms aus. Ich hatte von dort einen herrlichen Ausblick ...« Wieder und wieder stößt man in den Papieren der Auswanderer auf diese Sehnsucht nach fernen Horizonten.

Jacob Riis wurde in Amerika zu einem bedeutenden sozial-reformerischen Journalisten. Er beschreibt eine signifikante Erfahrung in der dänischen Stadt Ribe, in der er seine Kindheit verlebt hatte: »Der Schloßhügel war die einzige Erhebung im Bereich der Stadt ... Vom Schloß aus konnte man sehen, wie die Sonne im Meer versank, und die Inseln lagen hoch in der Luft als würden sie im Äther schweben. Kein Baum, kaum einmal ein Haus stellen sich dem Auge in den Weg. Man sah Gras, meilenweit nur Gras ... Fremde gerieten angesichts des kleinen Waldstücks unten bei der Langen Brücke in Verzückung, und es war ja auch sehr hübsch; aber mir war der weite Blick zur See, die grünen Wiesen, mit dem einsamen Flug der Strandvögel, in all ihrer Melancholie viel lieber.« In Amerika findet Riis vielfach Gelegenheit, seine Vorliebe für weite Perspektiven zu pflegen. »Ich kletterte auf die Hügel, um herauszufinden, daß dahinter *(beyond)* wieder größere Hügel waren. Ich verbrachte den ganzen Sonntag damit, sie zu durchstreifen *(roaming through it)* und legte viele Meilen hinter mich, um einen Ausblick zu finden, von dem aus man das Ende sehen möge; aber es gab keins.«

Das Lug-ins-Land-Erlebnis findet man auch bei weniger bekannten, zufällig herausgegriffenen Auswanderern. Der deutsch-amerikanische Geistliche Hauser kam aus dem Dorf Urlas, das an einem Berghang liegt. »Von unserem Urlasberg aus hatten wir eine herrliche Aussicht . . .«, von hohen Zinnen aus genießt er die »wundervolle Aussicht«, stets aufs Neue preist er die »unvergleichliche« Aussicht. Er beklagt sich sehr, als er durch den Umzug der Eltern die »Freiheit in Wald und Flur« mit den »engen Straßen« der Stadt vertauschen muß. Später reist er nach Südamerika und Ostasien, läßt sich für eine Weile in New York nieder, wird Pastor in Missouri, geht nach Massachusetts, dann weiter nach Indiana, schließlich wieder nach Missouri.

Angstlust *(thrill)* ist ein mit Lust verbundenes Gefühl der Angst. Jacob Riis erinnert sich an die Nachtwächter, die in seiner Kindheit die Stunden ausriefen, » . . . wenn wir das hörten, zitterten wir in unseren Betten mit wohligem Schauern *(gruesome delight)*«. Carl Schurz hat sich als Kind einmal fieberhaft einem Glücksspiel hingegeben und den Geldbetrag verloren, den ihm die Eltern in die Schule mitgegeben hatten. Während seines Exils bestellt er sich in Paris eine zweite Tasse Kaffee, obwohl er nicht das Geld für die erste besitzt. Er beobachtet sich selbst dabei, wie er die entstehende Situation halb genießt, halb unter ihr leidet. Die Befreiung seines Lehrers und Freundes Kinkel aus dem Gefängnis kann als ein einziger großer Akt der Angstlust interpretiert werden. Einmal sitzt er als Flüchtiger in einem Gasthaus. Ein Polizeibeamter hat dort eben einen anderen Gesetzesbrecher verhaftet. Schurz berichtet: »Ich . . . konnte mich nicht enthalten, von dem Tisch, an dem der geheimnisvolle Beamte sich zu einem Imbiß und zu einem Schoppen Wein niedergelassen hatte, mir ein Zündhölzchen zu holen, um mir zur Tasse Kaffee eine Zigarre anzuzünden.« *Er konnte sich nicht enthalten*, das heißt, er stand unter einem Zwang, sich in den Bereich der Angstlust zu begeben. Und dieser Zwang wiederholt sich. Er tut noch mehrfach »leichtsinnige Dinge«, die ihn »hätten teuer zu stehen kommen können«. Zum Beispiel geht er unter den Augen der Berliner Polizei ins Theater.

Mit grenzüberschreitenden Phantasien wurde der junge Carl Schurz früh konfrontiert. In seiner Familie unterhielten sich die Männer gern über Amerika, sie schwärmten davon, wie man sagte, sie bauten Luftschlösser und ließen ihrer Phantasie freien Lauf. Der Vater von Ludwig Lewisohn war einer jener Schwärmer mit einem »Hang zu phantastischer Pläneschmiederei«. Als er Bankrott machte, setzte er seine Phantasien in die Tat um. Obwohl ihm Verwandte die Möglichkeit boten, im Lande zu überleben, entschloß er sich zur Auswanderung. Der Sohn beschreibt den Moment des Entschlusses. »Mein Vater richtete sich auf. Ein Ausdruck von Befreiung, seltsam und beinahe unnatürlich kam in sein Gesicht. ›Ja‹, erwiderte er...« Jacob Riis zeigte Flexibilität sogar beim Errichten von Luftschlössern: »Ich baute meine Luftschlösser um und entschloß mich, einen neuen Weg einzuschlagen.«

Die objektschwachen Eigenschaften scheinen in der Mehrzahl schon in der Kindheit entstanden zu sein. Der Emigrant Fritz von Unruh, der einen sprechenden Namen trägt, erinnert sich an Träume und Phantasien seiner frühen Kindheit. Er fährt da wie ein Skifahrer über »glatte, endlose Schneefelder« ab, er bekommt ein Gefühl, »als gäbe es für ihn hinfort nun nicht mehr Raum und Zeit und Schwere«, er sieht schwefelgelbe Kreise, die die »unerforschten Räume seines kindlichen Bewußtseins« rätselhaft erfüllen, er schwebt federleicht in ihnen auf und nieder – und er fühlt sich verlassen, losgelöst von den Eltern und Geschwistern, so sehr, daß er vor Angst schreit. Das Gefühl der Lust geht dabei verloren. Fritz von Unruh war ein unfreiwilliger Emigrant, der nach Europa zurückging, wieder nach Amerika auswanderte und nie einen festen Platz fand, dem er sich zugehörig fühlte.

Carl Schurz ließ sich als junger Mann in der Schweiz vom Anblick einer einzelnen Bergspitze beeindrucken, »die über eine Wolkenlage hinaus in den blauen sonnigen Äther hinaufragte und so als etwas durch die Wolken von der untern Welt abgeschiedenes, für sich selbst dastehendes sichtbar wurde«.

Die entscheidende Eigenschaft ist die Bereitschaft zum Objektverzicht. Der Auswanderer ist willens, Verwandte und Bekannte, Haus und Hof zu verlassen, die Brücken hinter sich niederzubrennen, wie Jacob Riis schrieb. Jeder Emigrant hat sich vor der Auswanderung tausendfach Gründe durch den Kopf gehen lassen, die ihn abhalten könnten. Jedes auftauchende Aber erwies sich schließlich als ein »ungeschlachter Schlagbaum vor dem Tore der Erwartung«, den es zu überwinden galt.

Der polnische Auswanderer Władek hat um die Zeit des Ersten Weltkriegs auf dreihundert engbedruckten Seiten seine Lebensgeschichte niedergeschrieben – eines der wertvollsten Dokumente der Auswanderungsforschung:

Władek ist der dritte von vier Söhnen und hat noch zwei ältere Schwestern. Der Vater, erst Dorfschmied, dann Polizist, dann Wirt, bevorzugt nach Meinung Władeks den ältesten Sohn Aleksy, während Władek und seine Schwester Marya von den Eltern immer wieder enttäuscht werden. Marya wandert noch vor Władek aus. Der zweite Bruder Stanisław erhält dreifach wertvollere Geschenke als Władek, obwohl er weniger artig ist. Doch weiß er den Eltern zu schmeicheln, und mehr als einmal verpetzt er den guten Władek.

Władek liebt seine Mutter schwärmerisch (»Ich war bereit, mich für eine einzige herzlichere Umarmung meiner Mutter das Leben zu nehmen«), fühlt sich jedoch zurückgestoßen, während die Geschwister, die sich nicht so zur Mutter hingezogen fühlen, nach seiner Beobachtung mehr Zuneigung einheimsen.

Als er auswärts seine erste Lehrstelle antritt, will er der Mutter – durchaus landesüblich – zum Abschied die Hand küssen. Sie gibt ihm eine Ohrfeige. »Hätte mich der Blitz getroffen, wäre ich gewiß weniger erstaunt gewesen, als in diesem bedeutenden Augenblick von meiner Mutter eine Ohrfeige zu bekommen.« Er weint während der ganzen Fahrt zu seinem ersten Arbeitgeber. Innerhalb weniger Monate wechselt er zweimal die Lehrstelle. Die dritte, nun als Bäckerlehrling, will er nach einem halben Jahr aufgeben. Er neidet Stanisław die Ausbildung zum Lehrer und die finanzielle Unterstützung durch die Eltern. Mit 14 läuft Władek seinem Arbeitgeber davon – »ich ... begab mich auf eine Reise ohne Ziel« – und tritt dann die vierte Lehrstelle an. Binnen zwei Jahren kann er auf fünf abgebrochene Lehrverhältnisse zurückblicken.

Seinen ersten Arbeitsplatz als Bäckergeselle verläßt er nach einem normalen Streit. Er geht auf Wanderschaft, auch weil die Beziehungen zu einer Geliebten ihm zu eng werden. Obwohl er das Mädchen liebt, werden ihm die Rendezvous auf die Dauer lästig. Wieder verläßt er einen Arbeitsplatz, diesmal, weil der Meister seine Frau schlägt, was im damaligen Polen zum guten Ton gehört haben soll. Beim nächsten Mal bleibt er zwölf Wochen. Dann geht er nach Lodz, nach Warschau, ein Stück in Richtung Rußland, getrieben von der Arbeitslosigkeit und immer tiefer in sie hineinschlitternd. Bei einem Besuch zu Hause bricht wieder sein Neid auf Stanisław durch. Dessen Ausbildung habe die Eltern arm gemacht. Nach einer Auseinandersetzung im Elternhaus geht er mitten im strengsten Winter wieder auf Wanderschaft, obwohl er die Strapazen scheut, die ihn um diese Jahreszeit erwarten. Mehr als einmal hebt er hervor, daß er nicht wußte, in welche Richtung er ging. Er träumt von einer eigenen Bäckerei, um mit den bevorzugten Brüdern gleichzuziehen. Gleichzeitig hegt er Selbstmordgedanken und wünscht, er wäre nie geboren.

Eine gute Partie mit der Schwester eines Bäckermeisters schlägt er aus. Erneut kehrt er nach Hause zurück. Die Eltern geben es ihm heiß und kalt. Der Vater sagt: »Weißt du, Władek, obwohl du der Ärmste bist, bist du mir der Liebste.« Władek geht nach Preußen, um dort zu arbeiten. Er strandet in Berlin, kehrt mittellos nach Hause zurück. Stanisław beschwert sich bei der Mutter, einen abgerissenen Tramp eingelassen zu haben. Weil Władek kein Tramp sein will, geht er zum Militär. 1906 wird er entlassen. Der Vater schreibt ihm, er solle nicht nach Hause kommen, da sei kein Platz für ihn. Władek bewirbt sich erfolglos als Förster in Sibirien, tippelt wieder nach Lodz, nach Warschau, wird Dorfpolizist. Dann macht er mit den Eltern einen letzten Versuch: gemeinsam bauen sie eine Bäckerei auf. Władek fühlt sich sofort ausgebeutet, er möchte alleiniger Besitzer sein. Der Vater fordert ihn auf, seine Sachen zu packen und zum Teufel zu gehen. Die Heirat mit einer Frau schlägt Władek um diese Zeit aus, weil ihm die Mitgift zu klein ist. Eine andere Frau gibt ihm einen Korb. Als seine Schwester Marya aus Amerika schreibt, es ginge ihr jetzt besser drüben, wandert er aus. Als Motive nennt er die Ausbeutung durch die Eltern und die Tatsache, daß er keine Frau findet. Tatsächlich war seine Situation im Moment der Auswanderung weniger prekär als früher. Er hätte leicht eine Frau finden können und schließt selbst nicht aus, wahrer Besitzer der Bäckerei zu werden. Aber, so fragt er sich, wer soll dann im Laden bedienen, und zweitens, wie soll er seine Schulden bezahlen? Nun hatte er ein Leben lang Schulden gehabt, außerdem schlug er ein Kreditangebot seines Bruders Pawel ganz gegen seine Gewohnheit aus. Thomas und Znaniecki vermuten, es müßten beim Auswanderungsentschluß »andere als ... rationale Überlegungen« am Werke gewesen sein.

Genau das. Das Schlüsselerlebnis in der Kindheit war wohl die Ohrfeige der Mutter beim Abschied, mit der er nicht rechnen konnte, sonst hätte er nicht versucht, ihre Hand zu küssen.* Nach René Spitz ist » ... eine Mutter, die von einem Augenblick zum anderen von Zärtlichkeit zu Wut, vom Kuß zur Ohrfeige übergeht, nicht gut zur Bildung stabiler Objektbeziehungen geeignet«. Władek ist ein Musterfall für schwache Objektbeziehungen. Er wandert rastlos. Ohne Bedauern löst er, sobald sie enger werden, die Beziehungen zu Frauen. Er kündigt serienweise Arbeitsverhältnisse nach

* Etwas Ähnliches widerfuhr Jack London. Er wollte seiner Mutter eine Blume bringen und wurde von ihr über den Haufen gerannt. London hat sich zu einem nicht gerade seßhaften Typ entwickelt, wie man weiß.

Bagatellvorfällen. Er will so viele Freunde wie möglich haben, denn man müsse mit den Wölfen heulen, und hat doch keinen engen Freund. Er verachtet die Mitauswanderer auf dem Schiff und bezeichnet sie als die Spreu vom Weizen. Mit der Schwester in Amerika fängt er bald Streit an.

Es ist gleichgültig, ob das Verhalten der Eltern so schuldhaft war, wie von Władek geschildert. Wichtiger ist, daß er sich als Opfer gefühlt hat. Die Briefe, die ihm Angehörige nach Amerika schreiben, bestätigen die frühe Entfremdung zwischen ihm und seiner Familie. Der Vater: »Es ist wahr, daß wir mit dieser ganzen Bäckerei Ärger haben, aber als Du noch da warst, gab es auch genug Ärger.« Bruder Aleksy: »Und Du, mein Lieber, hast es nur Dir selbst zuzuschreiben, wenn Du so unglücklich in Deinem Lebenskampf bist. Wir alle hatten dasselbe Schicksal, dieselbe Erziehung, dieselben Eltern. Wessen Fehler ist es dann? Nur Dein eigener.« Bruder Pawel meint, Władek hätte länger an einem Ort ausharren müssen anstatt wie ein Nomade umherzuziehen. Aber eben dies war Władek nicht gegeben. Aleksy rät Władek, er solle beten, arbeiten, nüchtern bleiben, dann sei ihm ein »medium fortune« gewiß. Aber gerade dieses mittlere Glück war Władek zu wenig.

Rückblickend sagt er, »ich hatte etwas in mir, was mich nach Höherem streben ließ«.* Als Junge schon zeigt er Angstlust, gibt sich früh dem Glückspiel hin. Bei der Atlantiküberquerung befriedigt er seine Sehnsucht nach Entfernung und Perspektive. Er sitzt nächtelang auf Deck und »schaut über den Ozean in den unendlichen Raum«. Seit seiner Kindheit hatte er die Einsamkeit gesucht, sich im Kornfeld versteckt und geträumt. Thomas und Znaniecki sehen ganz richtig, daß seine Liebe zur Einsamkeit sein späteres Vagantentum erklärt. Sie betonen, daß Władek stets zögerte, ehe er nach Hause zurückkehrte, daß er nie das unmittelbare Bedürfnis verspürte, in den Kreis der Familie heimzueilen.

---

* Thomas u. Znaniecki übersetzen mit *to aspire.*

DER CHARAKTER DER SESSHAFTEN

Die europäische Geistesgeschichte ist voll von Äußerungen, die auf objektstarke Beziehungen schließen lassen. Die anschaulichste stammt von Pascal. Er fand, »daß alles Unglück der Menschen einem entstammt, nämlich daß sie unfähig sind, in Ruhe in ihren Zimmern zu bleiben.«

Der Lothario in Wilhelm Meisters Lehrjahren war einige Zeit in Amerika gewesen. Als junger Mann hatte ihn das Leben im amerikanischen Freigehege sehr angezogen. Wenn eine Handlung nicht mit tausend Gefahren verbunden war, schien sie ihm nicht wert, begangen zu werden. Aber Wanderlust und Angstlust erwiesen sich als befristet. »Wie anders seh' ich jetzt die Dinge, und wie ist mir das Nächste so wert, so teuer geworden.« Es sei ein Fehler gebildeter Menschen, meint er, »daß sie alles an eine Idee, wenig oder nichts an einen Gegenstand wenden mögen.« Aus Amerika schreibt er an die Lieben daheim: »Ich werde zurückkehren und in meinem Hause, in meinem Baumgarten, mitten unter den Meinigen sagen: *hier, oder nirgends ist Amerika!* –« Dies ist nicht bloß eine literarische Floskel. Ein polnisches Ehepaar schreibt 1904 an die ausgewanderten Kinder: »... für uns, Eure Eltern, scheint es kein besseres Amerika zu geben als in diesem Land«.

Nikolaus Lenau hatte keine politischen Motive, um nach Amerika zu fahren; er war europamüde. Aber er wußte mit Amerika nichts anzufangen. Erstens war er unpraktisch, zweitens nicht flexibel genug. Drittens fehlte ihm die Bereitschaft, sich von Objekten zu trennen. Er nahm »eine Menge kleiner Kästen, Necessaires, Stöcke, Schirme« mit auf den Weg; die Tasse, aus der zu trinken er gewohnt war, und hundert andere Dinge machten die Atlantiküberquerung mit. Statt der geplanten fünf Jahre hielt er es nur fünf Monate aus. In Gerhart Hauptmanns Roman Atlantis aus dem Jahr 1912 kehrt der Held rasch und enttäuscht aus Amerika zurück und erklärt: »Schlagt mich tot, aber ich bleibe Europäer.«

Der Vater von Hjalmar Schacht kehrte nach ein paar amerikanischen Jahren nach Deutschland heim. Als junger Mann hatte er einige Anzeichen von Objektschwäche gegeben; er behauptete, ein Wanderer ohne Sitzfleisch zu sein, dem kein Gras unter den Sohlen wachse. Nach seiner Rückkunft gründete er Familie und Hausstand und blieb dreißig Jahre bei derselben Firma.

Der sozialdemokratische Journalist und Politiker Wilhelm Keil war in seiner Jugend ein Wanderbursche wie viele andere. Vom Reisefieber getrieben zog er landauf, landab, walzte nach Mannheim, Hannover, Hamburg, dann setzte er mit einem Freund nach London über, trotz väterlichen Verbots, »denn der Reisedrang war stärker als der Gehorsam gegenüber dem Vater«. Schon nach vier Tagen kehrte er auf den Kontinent zurück. »Nun hatte ich wieder festen Boden unter den Füßen«, sagt er erleichtert. Noch hält er die eigene Reiselust für unbezähmbar, läßt aber den Plan, in die Schweiz zu gehen, fallen, »zumal es sich in Koblenz ganz gut leben ließ«. Mit zwanzig Jahren ist für ihn »Endstation«. Er baut sich in Württemberg mit seiner Frau ein gemeinsames Nest und arbeitet 34 Jahre lang für dieselbe Zeitung. Den in London gehegten Gedanken, nach Amerika auszuwandern, verwirklicht er auch im Dritten Reich nicht. Politisch kaltgestellt, verbringt er die Zeit in Ludwigsburg und widmet sich seinem Garten.

Allgemein gesprochen war die Wanderzeit der Handwerksgesellen etwas Episodisches und staatlicher Kontrolle unterworfen. In Bayern mußten die Wanderburschen des 19. Jahrhunderts ein Wanderbuch führen, in dem persönliche Daten und der Beginn sowie das Ende der Wanderzeit einzutragen waren.

Ein Paradebeispiel für den objektstarken Typus ist Immanuel Kant. Er wurde geboren, lebte und starb in Königsberg. Niemals entfernte er sich für längere Zeit von seinem Heimatort. Als junger Mann lehnte er trotz großer Not Stellenangebote ab, die ihn aus der näheren Umgebung herausgeführt hätten. Sein beruflicher Fortgang war schleppend. Er blieb 15 Jahre lang Privatdozent, mit 41 war er Hilfsbibliothekar, Professor wurde er mit 46. Vorher hatte ihn ein Ruf aus Erlangen erreicht, aber er zog es vor, unter seinen Freunden in Königsberg zu bleiben, hatte er doch nach eigener Einsicht ein »Gemüth, was zu Veränderungen unentschlossen ist«. Auch einem Ruf nach Halle folgte er nicht, denn »alle Veränderung macht mich bange, ob sie gleich den größten Anschein der Verbesserung meines Zustandes giebt ...« Ein Mensch muß auf seinem Posten bleiben, er darf sich nicht locken lassen, er muß sich auf seiner »natürlichen Stelle« behaupten. Diese ethischen Anweisungen an seine Studenten waren nichts anderes als eine Rechtfertigung seiner seelischen Grundverfassung. Kant beschäftigte vierzig Jahre lang denselben Diener. Als Diener Lampes Trunksucht unerträglich wurde und er entlassen werden mußte, schrieb Kant in sein Notizbuch: »Der Name Lampe muß nun völlig vergessen werden«, das heißt, er erinnerte sich daran, etwas zu vergessen.

Als akademischer Lehrer hatte er – wie andere Stubengelehrte seiner Zeit – einen Hörsaal im Parterre, damit er das Haus nicht verlassen mußte, um seine täglichen Lehrverpflichtungen zu erfüllen. Beim Spazierengehen heftete er den Blick auf die Erde. Wenn er nachdachte, betrachtete er den Kirchturm, »ein Objekt, an das er sich so sehr gewöhnt hatte, daß sein Auge auf ihm ausruhen konnte«.

Für ihn war es wichtig, »daß Menschen und Dinge um ihn herum stetig bleiben«. Er folgte einem uhrwerkartigen Tagesablauf was seine Mahlzeiten betraf, die Dauer des Schlafes, die Stellung des Bettes. Sogar »die Methode, nach der er sich zudeckte«, hatte strikt die gleiche zu bleiben. Schlaflosigkeit bekämpfte er, indem er seine Gedanken auf ein ruhestiftendes Objekt richtete. Eines Anrainers neugepflanzte Pappeln genierten ihn, sie mußten gefällt werden, Kant wollte seinen alten Kirchturm wieder sehn.

Seid häuslich, seid standhaft, rät er den Studenten. Tagträumereien, Schwärmerein sind nicht seine Sache, nicht einmal die wissenschaftliche Spekulation. Der Studierende soll zu den höheren und entlegeneren Werten nicht in einem kühnen Schwung kommen, »sondern dahin durch den natürlichen und gebähnten Fußsteig der niedrigeren Begriffe gelangen, die ihn allgemach weiterführen«. Das ist wie beim verehrten Rousseau. Émile lernt die Entfernungen zu den Objekten kennen, die ihn interessieren; allmählich wird er zu ihnen hingeführt.

Kants Sehnsucht nach geistiger und persönlicher Unabhängigkeit verlangte weder nach Bewegung noch nach Vereinzelung. Er pflegte die Geselligkeit, hing an den Freunden und hatte fast täglich Gäste an seinem Mittagstisch.

Einmal schrieb er, er bewege sich auf dem »uferlosen Ocean der Ideen«. Deutet das nicht auf eine objektschwache Neigung hin? Nein. Denn Kant sagt, nur der Seefahrer wage stets neue Abenteuer, während der Forscher nicht selbst aufs Meer hinausfahre, sondern die Landkarte der Wahrheit studiere, um sich ihres Besitzes zu versichern. »Ich bin selbst aus Neigung ein Forscher. Ich fühle den gantzen Durst nach Erkenntnis und die begierige Unruhe darin weiter zu kommen und auch die Zufriedenheit bey jedem Erwerb.« Wehe, es hätte ihm in seinen mechanischen begrifflichen Dreierkombinationen mal ein Glied gefehlt. Es durfte nichts offen bleiben. Dagegen ist für den mobilen Typ der Prozeß wichtiger als das Resultat. Er hat den Mut zur Lücke und er verspürt am Ziel keine dauerhafte oder gar keine Befriedigung.

Auch in der Kolonisationspolitik der europäischen Nationen läßt sich trotz Expansion bisweilen ein statisches Element ausmachen. Der ungestüme Drang der amerikanischen Siedler nach Westen wurde von den Briten zu Hause in London mit Argwohn betrachtet; sie wollten die Bevölkerung bis auf weiteres an der dichter besiedelten Ostküste halten. Die russischen Kolonisationsversuche wurden nicht nachdrücklich genug betrieben, um zu größeren Erfolgen zu führen. Peter der Große schickte Vitus Bering zur wissenschaftlichen Erforschung, nicht zur Landeroberung um die Welt. Katharina erklärte 1769 mit einiger Sprödheit, »Handelsleute können reisen wohin sie immer wollen. Ich werde weder Männer, noch Schiffe, noch Geld für diese Zwecke hergeben und ich widerrufe alle Länder und Besitztümer in Ostindien und Amerika.«

Der seßhafte Typus kann von der Reiselust gepackt werden, aber seine Mobilität ist zyklisch, nicht dynamisch. Ein exemplarischer Fall ist Jules Vernes Engländer in »Around the World in 80 Days«. Er kehrt an den Ausgangspunkt seiner Reise zurück. Der Seßhafte entwickelt seelische Mechanismen, um Ortsveränderungen zu verkraften. Es gibt Amerikareisende, die in der Ferne mit aller Macht heimatliche Züge entdecken wollten. »Man glaubt sich in Deutschland«, schrieb einer von ihnen, »wären die Hügel höher, die Wälder zahlreicher, das Ganze aus dem Horizontalen mehr ins Vertikale gezogen und verjüngt, so könnte es trotz abweichender geologischer Bildung Hessen (zwischen Bebra etwa und Gießen) sein.« Dieser Reisende sieht über jede Andersartigkeit hinweg, nur um inmitten unbekannten Terrains das Gefühl des »ganz wie bei uns daheim« zu empfinden.

Es gibt im Deutschen den Ausdruck »jemanden ins Elend schicken oder stoßen«. *Elend* hieß ursprünglich fremdes Land, Ausland, althochdeutsch *elilenti*, in fremdem Land, ausgewiesen, mittelhochdeutsch *ellende*, fremd, verbannt und von daher unglücklich und jammervoll. »Es ist so elend, in der Fremde schweifen«, sagt Gretchen im Faust, und ein Schweizer Sprichwort lautet bündig: Fremd ist elend.*

* Als ich die hier geschilderten Gedanken erstmals zu einem Vortrag zusammenfaßte, hörte ich durchs offne Fenster, wie meine Hauswirtin einen Gast durch ihren Garten führte. Ihre Unterhaltung kam wie bestellt. Die Hauswirtin erklärte, daß Pflanzen durch Verziehen stärker werden. Der Gast war perplex und sagte wörtlich: »Das verstehe ich nicht. Wenn eines wo angewachsen ist, da will es doch da bleiben.« Ein paar Monate später hielt ich diesen Vortrag vor der Psychohistorischen Gesellschaft in New York. Unmittelbar danach, im Flughafenbus, kam ich neben einem Deutschamerikaner zu sitzen. Aus dem Gespräch ergab sich, daß er 1925 ausgewandert und seither nur einmal in Deutschland zu Besuch gewesen war. Seine Schwester lebte nach über 50 Jahren immer noch im Haus der Eltern in der Münchner Türkenstraße.

Prädestinationslehre und schwache Objektbeziehungen sind verwandt. Beide haben linearen Charakter. Die Vorherbestimmung verschließt den Ausweg in den katholischen Zyklus von Sünde-Reue-Beichte-Buße-Sünde. Aber wirkt sich die Prädestination nicht energiehemmend aus, erstickt sie nicht den Drang nach Bewegung im Keim? Eben nicht. Kalvin zufolge läuft die Welt zwar nach Plan ab, doch gibt es die causae secundae, die dem Menschen einen gewissen Spielraum zugestehen. Der amerikanische Kalvinist und Puritaner Jonathan Edwards verkündete das Paradoxon, der Mensch sei vollkommen frei sein Schicksal zu wählen, auch wenn dieses schon vor seiner Geburt festgelegt wurde. Der Glaube an die Vorherbestimmung ließ die Puritaner nicht zu Fatalisten werden. Sie glaubten an den vorherbestimmten Sieg, nicht an die vorherbestimmte Niederlage: rührig sein, Bewegung zeigen, verändern, reformieren, notfalls mit unchristlichen Mitteln. Van Wyck Brooks hat später den Neuengländer treffsicher eine Mischung aus Puritaner und Freibeuter genannt. Im praktischen Leben wandelte sich die Prädestinationslehre zum Arminianismus oder Synergismus, das heißt zu dem Glauben, daß man an seiner eigenen Erlösung mitwirken könne.

Um die Fesseln des Rituale Romanum zu sprengen, mußte sich der religiöse Dissident bewegen. Bei den Pilgervätern ist die Bewegung schon im Namen enthalten. Sie fühlten sich als Kinder Gottes, die kein Ägypten hatten, in das sie sich flüchten konnten. Neuengland bot sich als Ersatz an. Die Pilgrim Fathers waren Separatisten oder Independents. Sie wollten sich lösen von der Established Church und unabhängig sein. Tief saß ihre Furcht, daß ihre Kinder sich wieder an die alte Religion klammern und vor Rom und dem Frevel das Knie beugen würden.

Tendenzen, Objektbeziehungen zu vermeiden, sind auch bei den Massachusetts-Puritanern vorhanden. Der Kongregationalismus ist eine antihierarchische Organisationsform. Jede Kirche ist unabhängig. Unmittelbares Oberhaupt jeder Gemeinde ist Christus, dem es direkt nachzufolgen gilt oder, wie es John Winthrop – stark motorisch – ausdrückte, »that we may runne after thee«.

Den Plymouth-Separatisten schien selbst der Weg über Christus noch nicht direkt genug. William Bradford war stark beeindruckt von den

Schriften Wyclifs, dem Morgenstern der Reformation, wie man ihn genannt hat. Wyclif glaubte an die unmittelbare Abhängigkeit des Menschen von Gott, so wie sich dieser in der Bibel offenbart. Die Pilgerväter bezogen sich vorwiegend auf das Alte Testament, weil selbst Jesus als störend zwischen Gott und Mensch empfunden wurde, ganz zu schweigen von anderen Vermittlern wie Maria und den Heiligen.

Materielle Objekte stören die Gott-Mensch-Beziehung; deshalb die protestantische Reliquienfeindlichkeit. Bis tief ins 19. Jahrhundert hinein lehnten es neuenglische Familien ab, sich einen Christbaum ins weihnachtliche Haus zu stellen.

Die frühen Neuengländer verstanden sich selbst als Heilige, als Saints, im Unterschied zu den Sündern, die keine oder noch keine Wiedergeburt erlebt hatten. Egalitarismus hatte keinen Platz in dieser Anthropologie. »Die Saints dürfen sich nicht von Mehrheitsentscheidungen *die Hände binden lassen*«, schrieb Vernon Louis Parrington in einer beziehungsvollen Wendung, denn ungebunden zu bleiben war – außerhalb des imaginären Gnadenbundes mit Gott – ein vorrangiges Prinzip. Selbst die Bindung zur Erde wird im Protestantismus gelockert. Kniefall und Verbeugung entfallen.

Der Puritaner verlangte von sich Selbstdisziplin, um die Aufgaben, die das Leben stellte und um sich selbst zu bezwingen. Aber er war nicht durch und durch Realist. Auffällig ist die puritanische Hinwendung zu Kosmologie und Astronomie, die Faszination, die das Jenseits auf die Saints ausübte. Dieser transzendentale Zug findet sich weiß Gott nicht nur in den ersten britischen Auswanderern. Bei deutschen Emigranten des 19. Jahrhunderts hat man eine Art »Heimweh nach dem All« ausgemacht, das sie zum Verlassen des Vaterlandes bewegte. Die Mormonen ließen sich nach langer Wanderung in der objektlosen Salzwüste Utahs nieder.* Auf die irdische folgt die überirdische Emigration. Adventisten und Zeugen Jehovas tragen unverhohlene Kennzeichen von Schwärmertum und Angstlust, besonders die Adventisten, wenn sie in gewissen Abständen auf Berge steigen, um die Wiederkunft des Herrn und das Ende der Welt zu erwarten.

John Winthrop meinte, die puritanische Gemeinde sei in geographischer und ideeller Erhöhung eine »city upon a hill«, auf die sich die Augen der Welt richteten. Der Glaube an die eigene Auserwähltheit ist eine Eigenart der Amerikaner geblieben. Den Daheimgebliebenen fiel es meist schwer,

* »This is the site, drive on«, sagte Brigham Young in einer schönen Paradoxie zum Kutscher.

das selbsterrichtete Postament zu würdigen. John Robinson, der Lehrer der Pilgerväter, der nicht mitreisen konnte oder wollte, schrieb einen dämpfenden Abschiedsbrief an seine Schützlinge, in dem es hieß, keiner von ihnen zeige eine »spetiall eminencie«, die sie über den Rest der Menschheit erhebe.

Zweifellos wies der Puritanismus auch Elemente der Objektstärke auf. Wer sich auf den Wortlaut der Bibel verläßt, sucht Sicherheit. Wer eine Logik gutheißt, die die Welt in ein unzweideutiges Schema preßt, desgleichen. Für manchen Puritaner war der Weg nach Neuengland eine gewagte, aber auch die letzte große Ortsveränderung, und nicht alle Puritaner waren Visionäre wie Winthrop. Die Bewohner Bostons sagten fürderhin und nur halb im Scherz, sie brauchten nicht zu reisen, sie seien schon da. Ebenso richtig und folgenreicher für Amerika war jedoch, daß sich in den ersten amerikanischen Gemeinden allenthalben die Mobilität und der Separatismus fortsetzten. Die rasche Desintegration der puritanischen Siedlungen ist eine geschichtliche Tatsache, die einherging mit kirchlicher Zwietracht und persönlichem Hader. Uneingeschränkte Toleranz sei die Politik des Satans, lehrte der orthodoxe Puritanismus. Doch immer wieder hat man einzelnen Gruppen erlaubt, sich zu separieren und zu absentieren und einen »distinct body« zu bilden. Thomas Hooker meinte, die Dörfer der Massachusetts Bay seien zu eng aufeinandergebaut. Er bat den Magistrat um die Erlaubnis zum Abzug, das heißt um die Entlassung aus dem Gemeindeverband. Gelegentlich wurde die Separierung gerichtlich befohlen, wobei die Antinomier oder Gesetzesstürmer ihre Abwanderung oder Verbannung nicht selten durch verfängliche Lehren provoziert hatten. Das galt für die schwärmerische Anne Hutchinson. Gericht und Gemeinde wollten der vermeintlich Störrischen Brücken bauen, um ihr Bleiben zu ermöglichen. Wie unter einem inneren Zwang stehend, lehnte sie es ab, diese Brücken zu beschreiten.

Daß die Bibel das Gesetz ist, glaubten nicht nur die Antinomier. Doch wer die Gnade hatte, stand über dem Gesetz. Für Roger Williams waren sein Glaube an unmittelbare göttliche Inspiration, sein Haß auf die Autorität der Behörden und sein starker Affekt gegen England Anlässe zur Flucht aus der Massachusetts Bay. Er wurde Baptist, dann typischerweise ein Seeker, der in seinem Suchen ewig unerfüllt blieb und für den der Separatismus ein Berufs- und Lebensgrundsatz war: »I durst not officiate to an unseparated people.« Die Bildung stets neuer Sekten ist im amerikanischen Protestantismus zu einer Selbstverständlichkeit geworden. Faules

Holz läßt sich nicht spalten, sagt man mit einem Seitenblick auf die Una Sancta.

Kommunistische Experimente – in der Landwirtschaft – blieben kurzlebig. Es hielt sich der Gedanke, daß der Mensch nur »Steward«, nur Verwalter seines Besitzes sei, den er zu gegebener Zeit abzustoßen habe. Von hier zieht sich die Linie zur modernen amerikanischen Philanthropie oder Philanthropomanie, die ihrem Grundcharakter nach individualistisch ist. Emerson hatte nichts übrig für den Kollektivismus des Europäers Fourier, sein Credo war der Individualismus im Banne der Over-Soul, eines amerikanischen Gottes, der wesentlich besser ist als der europäische. Emerson war insofern Puritaner, als er deren traditionelle erzieherische Maxime »hitch your wagon to a star« aufgriff und im 19. Jahrhundert unter die Leute brachte. *Up and away* – es gibt keinen Slogan, der die amerikanische Gemütsrichtung kürzer und treffender beschriebe.

Katholiken haben stärkere Objektbeziehungen als Protestanten. In deutschen Städten kaufen katholische Eltern in statistisch signifikantem Umfang mehr Laufställe und Laufgeschirre als evangelische, weil sie »die Bewegungsfreiheit des Kindes auf einen bestimmten Raum begrenzen wollen«. Der katholische Kinderreichtum kommt auch daher, daß Katholiken ihre Kinder nicht so sehr als Ballast und Belästigung empfinden wie die objektschwachen Protestanten. Katholiken waren von Haus aus unwillens, sich hienieden auf das Abenteuer einer Kirchenabspaltung einzulassen. Mit der gleichen Beharrlichkeit binden sie die Kinder an die Familie. Trotz intensiver Katholikenverfolgungen im 17. Jahrhundert zeigten britische Katholiken wenig Neigung zum Auswandern. Das gilt für alle europäischen Katholiken bis zum 19. Jahrhundert. Und im 19. Jahrhundert war die Rückwanderungsquote unter den New Immigrants aus südeuropäischen Ländern am höchsten. Katholiken neigten dazu, nach Südamerika auszuwandern, Protestanten zogen Nordamerika vor. Zwischen 1850 und 1920 gingen von 1,2 Millionen schwedischen Emigranten ganze 5000 nach Lateinamerika. Klimatische, sprachliche und gesellschaftliche Erwartungen spielen dabei eine Rolle; ebenso wie bei der wirtschaftlichen Motivation gibt es aber eine psychologische Unterströmung. Vor dem Ersten Weltkrieg wanderten ganze polnische Dörfer geschlossen nach Brasilien aus. Auf das Brasilienfieber folgten hohe Rückwanderungsquoten. Trotzdem: Siebzigjährige machten sich auf den Weg und stachelten ihre Kinder zum Auswandern auf. Die Bauern konnten in Brasilien auf fest zugeteiltes Land rechnen, sie wußten, *wohin* sie auswanderten. Insgesamt siedelten sich in Brasilien mehr polnische Knechte als polnische Bauern an. Sie hatten keinen eigenen Grundbesitz aufzugeben.

Interessant ist ein Vergleich zwischen Engländern, die in die USA oder in ein Land des Commonwealth auswanderten. Engländer, die in die USA gingen, taten dies individuell, auf eigene Faust, meist mit eigenen Mitteln. Dagegen war die Auswanderung in Commonwealthländer, etwa nach Australien, ein von der Regierung geregeltes und finanziertes Unterfangen, das weniger Eigeninitiative verlangte. Es erinnert an den Unterschied zwischen griechischer und römischer Kolonisationspolitik. Die Griechen siedelten zunächst verstreut, hernach folgte die militärische Sicherung. Die Römer ließen die militärische Eroberung einer planmäßigen Siedlungspolitik vorausgehen.

Der Grund, warum Katholiken überhaupt in größerer Zahl in Nordamerika Fuß faßten, hat verschiedene Komponenten. Katholische Polen wanderten primär in der Erwartung einer baldigen Rückwanderung aus. Katholische Italiener und andere Südeuropäer übertrugen heimische Formen des Gemeinschaftslebens in die USA. Bewohner einer bestimmten Ortschaft fanden sich im neuen Land in denselben Wohnblocks und Straßenzügen wieder zusammen. Man spricht vom italo-amerikanischen Campanilismo. Ähnliches gilt für die Iren Bostons und die Deutschen in Pennsylvanien und Texas. Schließlich darf man nicht verkennen, daß sich der europäische zu einem amerikanischen Katholizismus wandelte. Im 19. Jahrhundert gab es wie bei den Protestanten eine katholische Erwekkungsbewegung samt dem protestantischen Glauben an die Erfahrung der Wiedergeburt. Katholische Einwanderer konnten – nach heftigen antikatholischen Ressentiments und Ausschreitungen – am Ende akzeptiert werden, nicht zuletzt deswegen, weil sie ihre objektverhaftete Grundhaltung modifizierten.

DIE RÜCKWANDERER UND IHRE MOTIVE

Die Rückwanderung aus Amerika wird in den Geschichtsbüchern meist vernachlässigt, wenn nicht ganz unterschlagen. Dabei sind gerade die Motive der Rückwanderer kulturpsychologisch äußerst aufschlußreich. In einer der wenigen Studien darüber heißt es: »Ihre großen, allgemein gefaßten Motive hat die Rückwanderung mit der Auswanderung gemeinsam: klimatische, demographische, ökonomische, religiöse, politische, psychologische – aber doch etwa so, daß sich in der Remigration, verspätet vielleicht, ein mehr persönlicher, individualpsychologischer Beweggrund gegen den elementaren massenhaften Drang zur Auswanderung durchsetzt.« Die allgemeine Beschaffenheit dieses »individualpsychologischen Beweggrunds« blieb allerdings wieder offen. Wie man inzwischen vermuten wird, bin ich der Auffassung, daß Rückwanderer im Vergleich zu permanenten Auswanderern starke Objektbeziehungen haben, die nur temporär gelockert wurden.

Zunächst einmal gilt es festzuhalten, daß der Umfang der Rückwanderung ständig unterschätzt wird. Ausgewanderte kehrten in hellen Haufen nach Europa zurück, zwischen 1908 und 1924 waren es 38 Prozent. Die Rückwanderungsquoten unterscheiden sich in ihrer Höhe nach einzelnen Volksgruppen. Sie lag bei Juden um 5 Prozent, bei Iren, Schotten und Deutschen zwischen 10 und 16 Prozent. Von den ausgewanderten Italienern kehrten 56 Prozent in die Heimat zurück, bei den Rumänen waren es sogar zwei Drittel. Selbst die angeblich so assimiliationsfreudigen Schweden revidierten zwischen 1875 und 1930 zu 18 Prozent ihren Auswanderungsentschluß. Die Verweilzeit in Amerika betrug meist nur ein bis zwei Jahre. Den 240 000 britischen und irischen Emigranten des Jahres 1889 standen 71 000 Remigranten gegenüber.

Manche vermochten »erst dann in der Heimat zu leben, nachdem sie von ihr entfernt gewesen«. Sie mußten sich »ausrasen«. Man hat diesen Personenkreis als infantil-regressiv bezeichnet, was nicht viel besagt, denn auch der permanente Auswanderer trägt infantil-regressive Züge. Möglich, daß der Österreicher Charles Sealsfield-Postl mit seinem befristeten Amerika-Aufenthalt einen Konflikt mit dem Vater für sich erträglicher gestaltet hat. Die Rückkehr nach Europa wäre dann, wie Alfred Vagts annimmt, als eine

Beilegung des Ödipuskonfliktes anzusehen. Aber Sealsfield ist ein Einzelfall mit einigen Doubletten und kann nicht für Millionen von Rückwanderern verallgemeinert werden. Es gab Auswanderungslustige, die schon auf weniger als halbem Wege umkehrten, in London, in Le Havre oder in Holland. Sie waren Opfer eines Dreitagefiebers geworden. Andere erreichten das amerikanische Gegenufer, wo sie alsbald merkten, daß ihr Wander»trieb« ein persönlicher Irrtum gewesen war. Heimweh hatte jeder Auswanderer. Die Rückwanderer waren diejenigen, die nicht fähig oder nicht willens waren, ihr Heimweh zu überwinden. Viele Ehefrauen – abhängige Auswanderer – fuhren unmittelbar nach dem Tod ihres Mannes nach Europa heim. Von einem schwedischen Einwanderer wird berichtet, daß er nach dem Tod des Bruders und Geschäftspartners nur durch seine Frau in Amerika gehalten werden konnte. Wer aus Angst vor der Polizei nach Amerika geflohen war, wartete dringend auf den Augenblick der Rückkehr. Das gilt für den schwedischen Schriftsteller Carl Almquist, der in den Verdacht geraten war, einen Gläubiger vergiftet zu haben. Er wollte, aber durfte nicht heimkehren. Ähnliches gilt für politisch Verfolgte wie Harro Harring, Samuel Schier und John F. Brinkmann, die zu den Penaten zurückkehrten, sobald in der Heimat der politische Druck nachgelassen hatte. Die Exilschriftsteller der Nazizeit entschlossen sich nur zögernd zur Flucht über den Atlantik und erst, nachdem nähergelegene Möglichkeiten in Europa ausgeschöpft waren. Die Mehrzahl kehrte nach Deutschland oder in seine Nachbarländer zurück.

Was ich sagen will: die innere Disposition ist für die Permanenz des Auswanderungsentschlusses wichtiger als äußere Umstände. Der Entschluß zur Rückwanderung kann spät kommen, aber er war in der Psyche dessen, der in Amerika nicht heimisch werden konnte, schon festgelegt. Der polnische Pianist Paderewski berichtet, daß »er 25 Jahre lang bei jedem seiner New Yorker Konzerte einen distinguiert aussehenden Herrn mit seiner Tochter auf ein und demselben Platz beobachtet habe. Der Konzertbesucher wurde ihm eine Art *freundliches Bollwerk*, auf das er, auf dem Podium, sich verlassen konnte. Eines Tages vermißte er das gewohnte Paar. Auf seine Erkundigungen hin erfuhr er, sie seien nach Deutschland zurückgegangen ...« Wer ein Vierteljahrhundert lang auf demselben Abonnementsplatz ausharrt, hat starke Objektbeziehungen. Ebenso signifikant ist die Ausdrucksweise Paderewskis. Das freundliche Bollwerk ist der direkte Gegensatz zu den freundlichen Weiten, in denen sich der objektschwache Amerikaner wohlfühlt.

Im Jahre 1857 kehrten insgesamt vier behördlich erfaßte Auswanderer nach Bayern zurück. Zwei, weil sie keine Arbeit gefunden hatten, einer, um seine Eltern zu sehen, und der vierte, »weil die Äcker dortselbst zu theuer waren«. Keiner war länger als drei Jahre fortgeblieben. Jeder der Fälle läßt Fragen offen. Warum hatten sich die ersten beiden, die wegen Arbeitslosigkeit zurückgekommen waren, entmutigen lassen und nicht wie andere arbeitslose Auswanderer mit Hartnäckigkeit und der nötigen Mobilität versucht, Arbeit zu finden? Warum kam der dritte heim, um seine Eltern zu sehen, wo doch hunderttausend andere die Trennung verschmerzen konnten? Der vierte schließlich, der angab, ihm seien die Grundstückspreise zu hoch, brachte Vermögen mit nach Hause. Man muß daraus folgern, daß die angegebenen Motive nicht die wahren Beweggründe waren. Die Rückwanderer suchten die vertraute Umgebung, die ihnen in Amerika fehlte. Über einen Bayern, der 1858 nach Prien zurückkam, schrieb die Behörde in die Akten: »Hat sich 4 Jahre in Buffalo Staat New York aufgehalten und ist wegen Unsicherheit in seinem Aufenthaltsort wieder in das ruhige Vaterland heimgekehrt ...« Ein Max Häußler aus Augsburg ging in den 1780er Jahren nach Baltimore. Die Genehmigung der duchlauchtigen bayerischen Regierung holte er vorher nicht ein, womit er riskierte, daß sein zurückgelassener Besitz nicht den Erben, sondern dem Staat zufiel. Später forderte er seinen Sohn Clemens auf, nachzukommen. Aber dem jungen Häußler gefiel es in »Baldemor« überhaupt nicht. Sobald er erwachsen war, kehrte er heim nach Bayern, »mit dem bestimmten Vorsatz«, seßhaft zu bleiben. Zwei Dinge zeigt dieses Beispiel. Erstens: man kann nur bedingt jemanden zur Auswanderung zwingen. Zweitens: starke und schwache Objektbeziehungen laufen quer durch die Familie.*

Eine im 19. Jahrhundert ausgewanderte Schwedin schickte in regelmäßigen Abständen kleine Geschenke in die Heimat, da »einen jedes Ding von seinen Lieben glücklich macht«. Das allein wäre kein Beweis für starke Objektbeziehungen. Viele, die in Amerika blieben, haben es getan. Aber dieselbe Frau litt auch unter den »endlosen, endlosen Prärien«, und nach elf Jahren kehrte sie nach Schweden zurück.

---

* In Denver kenne ich ein Ehepaar, das nach dem Zweiten Weltkrieg auswanderte, als es in München keine Wohnung fand. Seither schlagen sich die beiden im amerikanischen Westen so recht und schlecht durchs Leben. Die beiden Söhne, die unter denselben äußeren Bedingungen aufwuchsen, entwickelten sich grundverschieden. Einer hält Amerika fürs Elysium. Der andere wählte seinen Wohnsitz in München, wo er glaubt, es im Kreise seiner nicht ausgewanderten Verwandten gut getroffen zu haben.

Eine starke Aversion gegen den Charakter der Prärien läßt sich gleichfalls bei englischen Remigranten belegen. Die weiten Perspektiven öden den Rückwanderungswilligen an. Er sieht auch im übertragenen Sinne in Amerika für sich keine geeignete Perspektive und weigert sich, Zukunftspläne zu schmieden. Der Zwang, mobil zu bleiben, »geht ihm auf die Nerven«. Ein Schotte schreibt nach Hause: »Die Leute denken sich hier nichts dabei, ein paar tausend Meilen weit wegzuziehen, aber ich selbst schätze so wenig Umherzieherei wie möglich . . .« Zwei Jahre später findet man ihn wieder in Schottland. Ein anderer Brite hielt es in Amerika ebenfalls nur zwei Jahre lang aus. Jedesmal wenn das Schiff, auf dem er herübergekommen war, im New Yorker Hafen festmachte, ging er an Bord. Das Schiff war ein vertrauter Gegenstand und ein Bindeglied zur Heimat. Zuletzt trat er damit die Rückreise an.

Manchem Rückwanderer fehlte der *skill*, über Nacht zum Experten zu werden. Der Bauer mußte Schmied, die Hausfrau mußte Hebamme sein können; nicht alle vermochten das zu leisten. Ein Ehepaar aus Lancashire kauft sich eine Farm in Amerika und scheitert nach drei Jahren. Der Mann ist als Landwirt zu ungeschickt, er kann nicht umlernen. Das Vieh springt über den Zaun und frißt den Mais auf. Er ist hilflos. Er melkt eine Kuh, »aber die andere läßt ihn nicht«. Die Fähigkeit oder Unfähigkeit, auf eine unvertraute Tätigkeit umschalten zu können, spielte auch bei der Entscheidung polnischer Auswanderer eine Rolle, ob sie in Amerika blieben oder zurück nach Polen gingen.

Eine kollektive Biographie von 75 britischen Rückwanderern ergab, daß materieller Mißerfolg und Rückwanderung nicht ohne weiteres miteinander korrelieren. Eher war es so, daß die in Amerika gemachten Erfahrungen subjektiv als Mißerfolg gewertet wurden. Dies beweist, daß dem wirtschaftlichen Rückwanderungsmotiv ein wichtigeres psychologisches Motiv zugrunde lag. Die Rückkehrer gebärdeten sich wie Brieftauben, die es in eine vertraute Gegend zieht. Gefahren und widrige Umstände spielen keine Rolle. Der Rückwanderer war bereit, materielle Nachteile in Kauf zu nehmen, wenn er Amerika nur wieder verlassen konnte. Ein Engländer, der genug hatte, dichtete 1821 ernüchtert:

O solitude, where is the charm
That sages have seen in thy face
Better dwell in the midst of alarm
Than reign in this horrible place.

Die Weiten des amerikanischen Kontinents erweckten beim objektstarken Typ Angstzustände und Depressionen. Der Rückwanderer hat nur eine begrenzte Vision. Das Naheliegende ist ihm wichtiger als die entfernte Zukunft. Einen neuen Beruf ergreift er nur widerwillig. Er sucht Ordnung, Stabilität, Organisation. Er erinnert sich an den »Seelenfrieden seiner Kindheit und beruft sich auf den Mythus vom ›merrie England‹«. Merrie England zieht an wie ein Magnet.

Manche brachten etwas von dem »amerikanischen Gezappel« mit nach Hause, wie man im Schlesischen sagt, sie waren infiziert vom »go of America«, dem *furor Americanus*. William Butler Yeats mokierte sich über irische Rückwanderer, die ihm und den anderen Iren Tempo beibringen wollen *(to speed us up)*. Einige wanderten ein zweites Mal aus, kehrten wieder heim, überquerten wie der oben geschilderte Fritz von Unruh rastlos den Atlantik, auf der Suche nach einer Heimat, die sie nun nicht mehr finden konnten. Ein interessanter Fall ist der des englischen Botanikers Thomas Nuttall, der sich in den Vereinigten Staaten sehr wohl fühlte. Dann sollte er nach Hause zurückkehren, um eine Erbschaft anzutreten. Er sträubte sich, weil er sich nicht mehr an England binden wollte. Schließlich gab er doch nach, aus Rücksicht auf das Wohlergehen seiner daheimgebliebenen Schwestern. Er handelte gegen seine innere Überzeugung. Während er in Amerika ein tätiges und schöpferisches Leben geführt hatte, brachte er den Rest seines Lebens auf der Insel in Monotonie und Langeweile hin.

Süditaliener trieb bittere Not, »nicht ein vager Wanderinstinkt« nach Amerika. Entsprechend hoch war die Rückwanderungsquote. Die süditalienischen Remigranten kehrten in eine statische Gesellschaftsordnung zurück, sie hatten keinen nennenswerten transformierenden Einfluß auf den Mezzogiorno. Je kürzer der Aufenthalt, desto stärker die Objektbeziehungen. Italienische Männer, die weniger als fünf Jahre in den Staaten verbracht hatten, waren diejenigen, die nach ihrer Rückkehr am schärfsten gegen die Einführung der Scheidung plädierten, die in puncto Eltern-Kind-Beziehung am autoritärsten waren und die besonders streng auf die Jungfräulichkeit der Töchter achteten. Italiener, die länger geblieben waren, neigten zu liberaleren Ansichten. Man sagt, sie seien stärker amerikanisiert worden. Das ist eine recht einseitige Argumentation. Ursache und Wirkung gingen hier kontinuierlich ineinander über. Deshalb läßt sich umgekehrt sagen, daß Italiener, die länger in den USA blieben, von Haus aus schwächere Objektbeziehungen hatten und deshalb weniger autoritär auftraten.

Vom Amerikafieber, zeitweise eine Art Massenepidemie, wurden auch im Grunde seßhafte Personen angesteckt. Entweder sie genasen davon und kehrten zurück oder sie änderten ihre Lebenshaltung oder sie führten in Amerika das Leben erfolgloser, unzufriedener Nörgler. Umgekehrt gibt es Menschen, die den Bewegungsdrang von Auswanderern hatten, aber nicht permanent auswanderten. Sie suchten sich andere Ventile. Johann Most lästerte einmal über die Vagabunden, die Missionare wurden. Aus dem 18. Jahrhundert kennen wir das Phänomen der ambulanten Bischöfe. August Gottlieb Spangenberg überquerte zwischen 1750 und 1754 den Atlantik über vierzigmal. Unternehmungslustige hanseatische Kaufmannssöhne reisten ständig in die Vereinigten Staaten, bis zum Mississippi, um dort nach »openings« zu suchen. Die Väter fürchteten, daß etwas von den »highflying notions« der Yankees auf sie übergehen würde, aber sie blieben letzten Endes europäisch.

Seßhaftigkeit ist nicht notwendigerweise ein Resultat psychotopischer Gewöhnung. Ausgewanderte Schweizer Bergbauern konnten sich auf den flachen amerikanischen Prärien äußerst behaglich fühlen. Es sind psychische Faktoren, die den Auswanderertypus vom bodenständigen Typus abheben: der Genuß objektloser Perspektiven, die Angstlust, die grenzüberschreitende Phantasie, die schwache Reaktion auf Objektverlust. Zünftige Wissenschaftler haben einige dieser Elemente erkannt, ohne sie zu einem Gesamtbild zusammenfügen zu können. Der Auswanderer empfand das Aufgeben seines Hausstandes nicht als »tragische Einbuße«, schreibt ein Historiker ganz richtig. Oscar Handlin fand, daß in den Dörfern Europas »jedes Ding in einer festen Beziehung zu jedem anderen Ding stand« und alle Dinge eine Beziehung zur ganzen Gemeinschaft hatten. Die Dörfler standen Fremden mißtrauisch gegenüber. Hütet euch vor den Zigeunern, sie nehmen eure Kinder mit. Das hatte eine wörtliche und eine übertragene Bedeutung, schreibt Handlin. Die Zigeuner symbolisierten die »wundervollen Entfernungen« und die eigenen Sehnsüchte, über die man sich kaum Rechenschaft abzulegen wagte.

Gibt es einen Oberbegriff für den Hang zu objektlosen Perspektiven plus Angstlust plus grenzüberschreitende Phantasie plus Objektverzicht? Summieren sich diese Eigenschaften zu einem der Charakterologie bekannten Typus?

Poriomanie nennt man das triebhafte Umherwandern bei epileptischen Psychosen. Aber man sollte den Amerikanern nicht das Unrecht antun, sie samt und sonders als Poriomanen zu bezeichnen. Es wäre ebenso falsch, es mit dem Begriff Nomadismus bewenden zu lassen, weil dadurch einige der wichtigsten Eigenschaften unter den Tisch fallen; dasselbe gilt für Klaustrophobie und Platzangst. Der ungarisch-britische Psychoanalytiker Michael Balint (1896–1970) hat in der klinischen Praxis zwei narzißtische Charaktere beobachtet, die phänomenologisch mit unseren empirischen Tatsachen übereinstimmen. Balint, den Mitscherlich einen Innovateur nannte, studierte unter Ferenczi in Budapest und ging 1939 ins Exil nach England. Er ist mehr der ungarischen Schule der Psychoanalyse verpflichtet als der Wienerischen. Im Gegensatz zu Freud glaubte Balint nicht an die Existenz eines primären Narzißmus. Der Foetus nimmt seine Umgebung intensiv, wenn auch vielleicht undifferenziert wahr und lebt im Mutterleib in »harmonischer Verschränkung«, dem Fisch im Wasser, dem Menschen in der Atmosphäre vergleichbar. Der Foetus ist nicht von Objekten umgeben, sondern von Substanz ohne erkennbare Grenzen. Die Geburt ist ein Trauma, das Gleichgewicht wird gestört, die Harmonie aufgelöst. Das Neugeborene muß neue Formen der Anpassung entwickeln. Zwei extreme Formen der Anpassung bestehen in der Entwicklung besonders schwacher oder besonders starker Objektbeziehungen.

Nun war Dr. Balint ein besserer Psychoanalytiker als Begriffeschneider. Den Menschen mit sehr schwachen Objektbeziehungen nannte er einen Philobaten, den mit sehr starken einen Oknophilen. Das sind zwei Kunstwörter, die ich in all ihrer Häßlichkeit nicht entkauderwelschen konnte. Ich will sie nicht öfter als nötig verwenden. Der Philobat – im Wortstamm verwandt mit dem Wort Akrobat – ist einer, der gerne auf den Zehenspitzen geht. Der oknophile Typ neigt dazu, »seine Objektbeziehungen überzubesetzen«, beim Philobaten »sind die eigenen Ichfunktionen überbesetzt«. Beide Charaktere entstehen wahrscheinlich als Folge einer Grundstörung *(basic fault)*, entweder beim Übergang vom Foetus zum Säugling oder vom Kleinkind zum Kind, jedenfalls immer wenn eine Diskrepanz zwischen biopsychologischen Bedürfnissen und materieller oder seelischer Fürsorge in den ersten Lebensjahren auftritt, etwa, wenn die Anforderungen des Kindes zu anspruchsvoll sind, oder seine Umwelt falsch reagiert, zu streng, zu behütend, indifferent oder

»Schließlich existiert auch in hochgradig philobatischen Situationen praktisch immer irgendein Objekt, das gewöhnlich in der Hand getragen wird. Obwohl dieses oknophile Objekt als ›Ausrüstung‹ oder ›Gerät‹ sorgfältig getarnt wird, ist es als symbolische Stellvertretung des sicheren Heims, der Mutter einerseits, des mächtigen Phallus andererseits leicht erkenntlich.« (Michael Balint)

schwankend. Je schwerer die Grundstörung, desto gestörter die Objektbeziehungen.

Philobatische und oknophile Menschen haben ein unterschiedliches »attachment behavior«, d. h. sie unterscheiden sich in ihren Beziehungen zu Menschen und Dingen voneinander. Der Mensch ist im allgemeinen in seinen Objektbeziehungen ausgeglichen. Das extreme Überwiegen der einen oder anderen Art ist krankhaft.

Der harmonische Zustand im Mutterleib soll im späteren Leben wiederhergestellt werden. Der oknophile oder objektstarke Typ tut dies, indem er sich an Objekte anklammert. Der Philobat oder objektschwache Typ wiederholt das ursprüngliche Trauma, das ihn zwingt, die verlorene Harmonie wiederherstellen zu wollen, indem er die Illusion der »freundlichen Weiten« *(friendly expanses)* hegt und zu verwirklichen sucht. Um der Erfahrung der Angstlust willen, des *thrill*, verläßt er dauernd Sicherheitszonen. Er setzt sich Gefahren aus. Er überwindet Objekte, indem er sie umgeht oder aus dem Weg räumt, um das Urtrauma immer neu zu durchleben.

Angstlust ist, wie der Name sagt, ein mit Lust verbundenes Gefühl der Angst. Als »gegenstandsloser Affekt«, wie Bürger-Prinz feststellt, verbindet sie sich mit dem Vitalen, und es entsteht der Zug ins Grenzenlose, zur ziellosen Objektfindung. Das mit Angstlust ausgestattete Subjekt sucht immer mehr Raum zu gewinnen, gleichgültig, ob die Persönlichkeit dabei verschlissen, unterhöhlt, ausgezehrt wird und die Objektbeziehungen überhaupt verkümmern. Eine Rückkehr gibt es nicht.

Gestörte Objektbeziehungen können auch später entstehen als bei der Geburt oder in den ersten Lebensjahren, wie Balint behauptet. Wer in der Pubertät seine Erfüllungsgegenstände, seine Objekte nicht findet, etwa weil er sich durch äußere Umstände stets neu orientieren mußte, bei dem, sagt Löwnau, kommt es zu einer Lockerung in den Beziehungen zu Menschen. Ständiger Objektverlust führt zu einem Verlust an Intentionalität, zu Vereinsamung und Zerstörungswut aufgrund ungebundener Antriebe.

Nun der Gegentypus. Horst-Eberhard Richter schildert eine »oknophile Frau«, die nach der Scheidung ihren Sohn übermäßig verwöhnte, zu einem Ersatzehemann machte und ihn von Freunden fernhielt. Das Kind ließ als Folge dieser »oknophilen Anklammerungsbereitschaft« in der Schule nach, wurde neurotisch und hypochondrisch und mußte behandelt werden. Die Mutter konnte nur mit Mühe dazu überredet werden, auf größere Distanz zu ihrem Sohn zu gehen.

Ich behaupte nicht, daß alle Amerikaner schwache, alle Europäer starke Objektbeziehungen haben. Aber tendenziell ist das der Fall. Der objektstarke Typus ist für Amerika nicht »gemacht«. Es gibt Ausnahmen wie den bodenständigen Bayern Oskar Maria Graf, der sich in der erzwungenen Emigration in New York todunglücklich fühlte, der sich danach aber offenbar doch an Amerika gewöhnte. Es gibt Mischtypen wie Carl Zuckmayer, bei dem sich schließlich die Objektbezogenheit durchsetzte. Zuckmayer zeigte als Kind keine Symptome der Angstlust, wohl aber als junger Soldat »eine Art Todeslust, von mystischer Begehr nach Blutopfer«. Durch den Krieg 1914/18 stirbt dieses Verlangen ab. Als Junge war er sehr flugbegeistert, was auf schwache Objektbeziehungen hindeutet. Dann wieder war er jemand, der Freundschaften ins Zentrum seines Lebens stellte – »Als wär's ein Stück von mir« –, und diese Freundschaften halten jahrzehntelang. In einer Phase der Erfolglosigkeit schreibt er »Es gibt überhaupt keine Bahn, keinen Weg, kein Vorbild, kein Gesetz ... es gibt nur die Fülle, die tausendarmige Gottheit ...« Auf einer Reise in Norwegen nimmt er aus den Fjorden Locktöne wahr, »man möchte ihnen nachgehen und nicht mehr zurückkommen, sich verlieren ...« In ein Land wie Amerika auszuwandern, wo man Ketchup aufs Rindfleisch schüttet, konnte er sich freilich nicht vorstellen. Er wurde Emigrant, »weil mir nichts anderes übrigblieb«. Bei Zuckmayer mischen sich starke und schwache Objektbeziehungen. Das drückt sich in seinem Verhältnis zu Amerika aus. Er ist Weltkind genug, um einen neuen *skill* zu lernen, er wird Landwirt, weil er als Schriftsteller nicht existieren kann. Er zieht allerdings nach Vermont, das ihn anheimelt, weil es kleine, überschaubare Dimensionen hat. Im Westen konnte er es nicht aushalten, dort verspürte er »den panischen Schrecken, das Gefühl des Verlorenseins an diese ungeheure, unbarmherzige Weite«. Er wählt Neuengland als Zufluchtsort, wo ihn die Wälder selbst dann noch »freundlich ansprechen«, wenn er sich im »weglosen Dickicht« verirrt hat. Objekte werden als freundlich, objektlose Weiten als bedrohlich empfunden. Zuckmayer wird amerikanischer Staatsbürger, entwickelt jedoch kein Zugehörigkeitsgefühl. In Deutschland fühlt er sich nicht mehr zu Hause. Als Ausweg nimmt er nach dem Krieg seine Wohnung in der deutschsprachigen Schweiz.

Der amerikanische Schriftsteller Louis Adamic ist als vierzehnjähriger Bauernsohn aus Slowenien nach Amerika ausgewandert. Nach 19 Jahren besucht er für 10 Monate die alte Heimat. Sofort fällt ihm ein grundsätzlicher Unterschied zwischen den beiden Ländern auf. In Amerika verunstalten Häuser, Städte, Reklametafeln, Konservendosen und Autowracks die natürliche Umgebung. In Slowenien verstärkt die Architektur die Schönheit der Landschaft. Häuser und Dörfer gehören an den rechten Platz *(to belong)*, dasselbe gilt für die Einwohner. Wogegen selbst in ländlichen Gegenden Amerikas die Menschen selten dahin gehören, wo sie sind. Adamics Familie und die Nachbarn feiern ihn wie den wiedergefundenen Sohn. Er merkt, daß sie ihn all die Jahre hindurch mehr vermißt haben als er sie. Seine Mutter erwartet ihn auf demselben Fleck im Hof, auf dem sie ihm vor 19 Jahren Lebewohl gesagt hat. In der Küche werden noch dieselben Geräte verwendet wie 1913.

Nach zwei bis drei Wochen kommt es zu wachsenden Spannungen zwischen ihm und seiner Familie. Er zieht in eine kleine Pension. Nach zwei Monaten bereist er unstet das Land. Nach zehn Monaten haben er und seine amerikanische Frau das dringende, unabweisbare Bedürfnis, Jugoslawien und Europa zu verlassen. Europa kommt ihm wie eine Falle vor. Adamic beginnt an Schlaflosigkeit zu leiden. Ein Aufenthalt in Venedig bringt keine Besserung. »All sorts of things annoyed me in Venice.« Er entspannt sich erst wieder, als sein Schiff in See sticht. In der Adria und auf dem Mittelmeer fühlt er sich schon wohler, nach fünf Tagen auf dem Atlantik ist ihm beinahe wieder normal zumute. Eine emotionelle Verständigung mit den europäischen Vorfahren war auf die Dauer nicht möglich. Adamic geriet in Harnisch, weil er seinen Angehörigen nicht klarzumachen vermochte, was für ein »wundervolles und schreckliches Land« Amerika ist, »how it fascinated and thrilled me«. Thrill heißt Angstlust. Ein Europäer kann nicht verstehen, daß ein Land gleichzeitig wundervoll und schrecklich sein kann. Das Wir-Ihr-Verhältnis trat in der Familie Adamic zutage, sobald die erste Wiedersehensfreude verrauscht war.

Auf das Neugeborene, sagte René Spitz, wirken vererbte Anlagen, intrauterine Einflüsse und Einflüsse bei der Geburt. Objekte und Objektbeziehungen kenne das Neugeborene nicht. Es herrsche im primären Narzißmus eine allgemeine Undifferenziertheit vor, eine objektlose Stufe, die Mutterbrust zum Beispiel werde als Teil des eigenen Selbst empfunden. Die Objektbeziehungen bildeten sich im ersten Lebensjahr.

Das Kleinkind braucht im ersten Lebensjahr lustbetonte und unlustbetonte Affekte zur Entwicklung seiner Psyche. Die Versagung von lustbetonten Affekten führt zu seelischen Gleichgewichtsstörungen, ebenso wie die Versagung von unlustbetonten Affekten. Die Mutter kann und soll unlustbetonte Affekte nicht absolut inaktivieren, denn diese sind von der Natur vorgesehen (Asphyxie bei der Geburt, Umstellung auf Lungenatmung, Durst-, Hungerempfinden). Das Kind muß aggressive *und* libidinöse Triebe bei der Mutter »zur Abfuhr bringen« können. Es muß die Fähigkeit erwerben, mit Affekten umzugehen, also auch Versagungen ertragen zu lernen.

Bis zum sechsten oder achten Lebensmonat wendet sich das Kind jedem Gesicht zu. Ab da beginnt es zwischen »fremd« und »bekannt« zu unterscheiden. Es lächelt bei einem bekannten Gesicht und weint bei einem fremden. René Spitz, der viel mit Filmaufnahmen gearbeitet hat, hält diese »Achtmonatsangst«, und nicht das Geburtstrauma, für die ursprüngliche Angst. Obwohl das Kind noch keine schlechten Erfahrungen mit Fremden hat, fürchtet es sich vor einem fremden Gesicht, weil die »Erinnerungsspuren« die Mutter zum vertrauten Objekt gemacht haben. Das Kind hat jetzt laut René Spitz eine »echte« Objektbeziehung gebildet.

Das Entstehen von Objektbeziehungen ist wichtig für die Persönlichkeitsentwicklung und – weil Objektbeziehungen im Grunde Sozialbeziehungen sind – wichtig für das gesellschaftliche Zusammenleben überhaupt. Ist die Mutter-Kind-Beziehung quantitativ unzureichend, fehlt die Bindungsmöglichkeit an eine mütterliche Person, kommt es zu diffusen Objektbeziehungen (laut Anna Freud etwa in der Art der »gangs«). Ist die Mutter-Kind-Beziehung qualitativ ungeeignet, äußert sich dies unmittelbar in psychischen und physischen Syndromen und mittelbar ebenfalls in abnormalen Objektbeziehungen.

Haltung der Mutter	*Unmittelbare Folgen für das Kleinkind*
unverhüllte Ablehnung	Koma, Erbrechen
ängstliche Besorgnis	Dreimonatskolik
Feindseligkeit in der Form ängstlicher Besorgnis	Dermatitis
Pendeln zwischen Verwöhnung und Feindseligkeit	Hypermotilität
bewußt kompensierte Feindseligkeit	erhöhte Betriebsamkeit

Die mittelbaren Folgen betreffen die Persönlichkeitsentwicklung. Beim Vorherrschen änstlicher Besorgnis werden Spannungen nicht abgebaut. Bei Heimkindern, die in der Regel nicht verwöhnt werden, ist diese Folge nicht zu beobachten, die Dreimonatskolik bleibt aus.

Feindseligkeit in der Form ängstlicher Besorgnis liegt vor, wenn Mütter es beispielsweise ablehnen, ihr Kind zu berühren, es selbst zu wickeln und diese Aufgabe der Schwester überlassen, angeblich aus Angst vor der Zartheit des Kindes. Dem Kind fehlen Hautkontakte, es reagiert mit Dermatitis, die als narzißtisches Zurückweichen gedeutet werden kann. Die Achtmonatsangst bleibt aus, ein Warnzeichen, denn die Achtmonatsangst gehört zur normalen Persönlichkeitsentwicklung. Dem Kind fällt es schwer, zwischen »fremd« und »bekannt« zu unterscheiden, es ist weniger lernfähig und weniger fähig zur Aufnahme sozialer Beziehungen.

Beim Pendeln zwischen Verwöhnung und Feindseligkeit erfährt das Kind von der Mutter unsichere, doppeldeutige Signale. Dies erschwert die Bildung von normalen Beziehungen zu Personen und Dingen. Es entsteht ein übertriebener Bewegungsdrang und gleichzeitig Zurückgebliebenheit auf dem sozialen Sektor. Stabile Objektbeziehungen werden nicht gebildet. Das häufig zu beobachtende Schaukeln dieser Kinder, im Liegen oder auch im Stehen, ist Ausdruck der Hypermotilität und des Wunsches, eine objektfreie Aktivität zu entfalten.

Bei bewußter Kompensation der Feindseligkeit, wenn die Mutter also die Ablehnung eines Kindes durch übergroße Zuwendung kaschiert, fehlen dem getäuschten Kind konsequente Signale, es vermag sich nicht zu orientieren und »(wird) im extremen Fall keine Objektbeziehungen herstellen«. Die erhöhte Betriebsamkeit könnte ein Weg sein, darüber hinwegzukommen, ebenso die Anflüge von euphorischer Stimmung.

In Slowenien gab es die Einrichtung der *killing nurses*, die Geburtenregelung betrieben, indem sie die Kinder kalter Luft oder einem heißen Bad aussetzten. Adamic sollte ebenfalls getötet werden, wurde aber aus nicht bekannten Gründen von seiner Amme verschont. Dies ist gewiß ein besonders dramatischer Fall. Nicht immer sind schwache Objektbeziehungen und der Zwang, das Fluchttrauma zu wiederholen, so gut sichtbar entstanden. Freilich sind bei den Auswanderern, deren Charakteristika ich anhand ihrer Biographien dargestellt habe, einschneidende Störungen in der Eltern-Kind-Beziehung nachweisbar. Die Mutter von Riis mußte mit dem einen Monat alten Jacob auf dem Arm vor anrückenden Truppen fliehen. Lewisohn Sr. kam mit fünf zu Pflegeeltern, Unruh wuchs im Internat auf, Hauser war Halbwaise. Dagegen hatte Zuckmayer nur einen normalen Ödipuskomplex zu bewältigen und kümmerte sich aus echter Sorge um seine Eltern bis zu deren Tod. Bei Carl Schurz wird es komplizierter. Es ist möglich, daß durch die rauhe Behandlungsweise des Großvaters, die bis zur körperlichen Quälerei ging, das kindliche Harmonieverlangen gestört wurde. Ein Gefühl der Distanzierung kann auch entstanden sein, als ihm ausgerechnet die Mutter den Degen reichte, mit dem er in die Revolution zog.

Nun gab es Störungen in der Mutter-Kind-Beziehung auch bei Personen, die sich späterhin zu recht anklammerungsbedürftigen Menschen entwikkelten. Die Trennung von der Mutter kann das Kleinkind über einen bestimmten Zeitraum hinweg ertragen, ohne seelischen Schaden zu nehmen. Wird dieser Zeitraum allerdings überschritten, entsteht ein Trauma, das auch mit der Rückkehr der Mutter nicht mehr behoben wird. Warum der eine die empfundene Distanzierung wiederholen muß, die Distanz ständig zu vergrößern bemüht ist, der andere die Distanz verkleinern will, das kann auch an genetischen, intra-uterinen*, sozio-biologischen Faktoren liegen, die wir noch nicht genau kennen.

* Ist die Mutter während der Schwangerschaft emotionell belastet, verstärken sich die Körperbewegungen des Foetus. Ein aktiver Foetus entwickelt sich zu einem motorisch aktiven Kleinkind.

FRONTIER UND MANIFEST DESTINY

Der erste Gouverneur der Massachusetts Bay Colony, John Winthrop, sah sich bald mit einer Forderung von 108 Siedlern konfrontiert. Sie verlangten *freemen* zu werden, andernfalls wollten sie abwandern. Die angedrohte und tatsächliche Aufkündigung von Gemeinschaften war von Anfang an ein Merkmal der amerikanischen Kolonisierung. Ganze drei Jahre lang praktizierten die Pilgerväter kommunistische Versorgungsformen. Dann, 1623, kamen Neusiedler. Die Altsiedler fürchteten, die Ernte mit ihnen teilen zu müssen. Sie verzichteten auf die mitgebrachten Vorräte, gaben lieber Objekte dahin, als die Neuankömmlinge in ihren Bereich eindringen zu lassen. Notorisch sind die Grenzstreitigkeiten unter den Siedlern. Die Massachusetts Bay- und die Plymouth-Leute pflegten sich gegenseitig die Grenzpfähle herauszuziehen.*

Nicht alle Puritaner des 17. Jahrhunderts begrüßten diese Entwicklung. Cotton Mather beseelte eine intensive Angst vor der »horrid American Desart«; er wollte die Siedler, besonders den Nachwuchs, beisammenhalten. Aber die zentrifugalen Bestrebungen, das was man gerne, doch nicht erschöpfend als Landhunger bezeichnet, diese Bestrebungen waren übermächtig. In der Folgezeit wurde die Expansion zu einer Art Ideologie. Henry Nash Smith hat sie in *Virgin Land* intuitiv richtig, aber ohne psychologischen Rahmen beschrieben. Virgin Land – der Drang, jungfräuliche Gebiete zu durchmessen, ist eine Grundeigenschaft des objektschwachen Typs, und Henry Nash Smith's Standardwerk der Amerikakunde läßt sich psychohistorisch bestätigen und erweitern.

»Wenn du in den weiten, freien Westen vordringst«, riet der einflußreiche Journalist Horace Greeley, »und dir eine Farm auf der großzügigen Domäne von Onkel Sam aufbaust, wirst du niemanden in die Enge oder in den Hunger treiben *(you will crowd nobody, starve nobody ...)*« Gemeint war der Homestead Act von 1862, der für Personen angelegt war, die für

---

* Greverus beruft sich auf die Forschungen Darlings (1952) wenn sie schreibt, »daß [bei Lebewesen] Territorialität im wesentlichen eine ›psychologische‹ Kategorie sei und nicht nur das Sicherheitsbedürfnis befriedige, sondern ebenso ein Bedürfnis nach Stimulation, das sich vor allem an der Peripherie des Territoriums – in den ›ritualisierten‹ Grenzstreitigkeiten erfülle«.

Virgin Land – der amerikanische Traum, in jungfräuliche Gebiete vorzustoßen und sich in objektlosen oder von Objekten geräumten Gebieten zu verlieren.

immer seßhaft werden wollten und der deshalb ein legislativer Fehlschlag wurde. Durch Betrug und Spekulation wurde das Gesetz unterlaufen. Es war nicht auf die Bedürfnisse einer objektschwachen Gesellschaft zugeschnitten. Als die Bevölkerungsdichte 1786 zehn Personen pro Quadratmeile betrug, konstatierte Jefferson: »Wo immer wir das erreichen, werden die Einwohner unruhig, weil sie sich zu beengt fühlen, und wandern in großen Zahlen ab, um nach freiem Land zu suchen.« Die Siedler nahmen – mit oder ohne Homestead Act – das Land auch ohne rechtmäßigen Titel in Besitz. Wenn die wahren Besitzer auftauchten, wurden sie mit Gewalt und mit der moralischen Unterstützung der Nachbarn ferngehalten. Die Gesetzwidrigkeit wurde in einigen Staaten, Virginia war einer davon, in Gestalt der *preëmption* Gesetz. Dieses Prinzip sprach den tatsächlichen

Siedlern, nicht den rechtmäßigen Besitzern das in Beschlag genommene Gebiet zu.

Seßhaftigkeit wurde damit nicht erzeugt. Die Amerikaner zogen, wie der Senator Thomas Hart Benton aus Mussouri psalmodierte, wie die Gestirne von Ost nach West. Der Westen erschien als »ein grenzenloses Feld, das in seiner Weite und Bedeutung die Phantasie beflügelte und verzauberte.«

Bisher hat man schön geglaubt, die Flachheit des amerikanischen Westens oder des jetzigen Mittleren Westens, etwa in Illionis, diese Flachheit, der weite Horizont, die schiere Ausdehnung von Himmel und Erde habe den amerikanischen Charakter geformt, die Mobilität stimuliert und die Frustration mit jeder Form der Stasis, des Stillstands hervorgerufen. Vorbedingung war freilich ein psychologischer Typus, der sich in dieser Umgebung wohlfühlte, und der bereit war, in die Endlosigkeit überhaupt vorzustoßen. Der Besitztrieb, die Stampede zu Macht und Reichtum kann das Motiv allein nicht gewesen sein. Es fehlen fast alle Anzeichen eines analfixierten Verhaltens; es gibt sie nicht bei den Scouts, nicht bei den Pionieren aller Varietäten, nicht bei den Homesteaders.

In der amerikanischen Literatur ist die Figur des ewigen Wanderers oft genug dargestellt worden. Der alte Lederstrumpf nimmt Reißaus vor den nachdrängenden Siedlern, »um eine letzte Zuflucht vor der Gesellschaft in den weiten und menschenleeren Ebenen des Westens zu suchen«. Nicht einmal die Backwoodsmen hatten etwas hinterwäldlerisch Bodenständiges an sich. Edward Eggleston charakterisiert sie als Halbzigeuner, die nie lange an einem Ort ausharrten. Einmal deswegen, weil sie bittere Not litten. Dann aber auch, um ihrem rastlosen Bedürfnis nach Abwechslung und Abenteuer nachzukommen. »Ihre Abenteuerlust treibt sie in ein wagemutiges Leben und oft in die Kriminalität.«

Fraglos gab es Amerikaner, die mit dem einmal gefundenen Platz zufrieden waren und andere davon abhalten wollten, weiterzuwandern. Vermont sei gut genug, sagten einige Yankees dort, man sollte nicht das Erreichte aufs Spiel setzen, indem man sich auf eine zweifelhafte Jagd nach Glück und Wohlstand in den Westen begibt. Bleibe im Lande und nähre dich redlich war ein Motto, das sicher auch in Amerika seine Anhänger hatte. Seinem Wesen nach war das Land jedoch ein »Paradies für Schwärmer«, wie der englische Diplomat Augustus John Foster zu Beginn des 19. Jahrhunderts feststellte, ein Dorado für die eigene Vorstellungskraft, für den Unternehmergeist und für seelische Bedürfnisse, die unbegrenzte Ellbogenfreiheit verlangten.

Daniel Boone wanderte von Kentucky nach Tennessee und von Tennessee nach Missouri. Auch da wurde es ihm bald zu voll, und der Legende nach hat er sich kaum zwei Jährchen dort aufgehalten, als ein verdammter Yankee kam und sich nur hundert Meilen von ihm entfernt niederließ. Die heldischen Figuren des Westens sind bekannt für ihre *tall tales*. Das Bramarbasieren ist zu einem wesentlichen Bestandteil der amerikanischen Folklore geworden. *Boasting* ist eine Verhaltensweise, die bis zum Typus des Babbitt und darüber hinaus reicht. Das Großsprechertum ist verknüpft mit der Suche nach *thrills* und der Erfahrung der Angstlust. Die thrills der objektschwachen Person nähern sich oft der Autoerotik. Der Heroismus des Objektschwachen, schreibt Michael Balint, »ist in gewisser Weise ein phallisch-narzißtischer Heroismus, sehr männlich und gleichzeitig sehr kindlich und nie völlig reif. Das ist der Grund, warum er immer ein bißchen oder sogar ganz erheblich aufgebläht werden muß.« *To be boosted up*, ist der englische Ausdruck, den Balint verwendet. Der *Booster* ist eine vertraute Erscheinung während der Zivilisierung Amerikas. Unternehmer waren Boosters, Politiker, Zeitungsmenschen, und es gibt sie heute noch.

Der Westerner behandelte seine natürliche Umwelt ohne Respekt. Riesige Landstriche wurden fast komplett entwaldet, neun Zehntel des Baumbestands gingen verloren. Noch 1918 kam auf sechs abgeholzte nur ein neugepflanzter Baum. Davy Crockett erlegte während einer Jagdsaison einhundertundfünf Bären. Von sechs Hirschen, die er an einem Tag schoß, ließ er zwei im Wald liegen. Noch heute sieht man in den westlichen Staaten heimkehrende Amateurjäger, die sich abgeschnittene Hirschköpfe als Trophäen auf die Kühlerhaube montieren und die dazugehörigen Kadaver draußen verfaulen lassen. Schwache Objektbeziehungen gehen mit Verschwendungssucht einher. Das bei uns bekannteste Beispiel ist die Ausrottung des Bisons. Es gibt rationale Gründe für die Ausrottung, keine Frage. Die Büffelhaut ließ sich zu Leder verarbeiten, die Zunge wurde für eßbar befunden und insgesamt entzog man den Indianern die Ernährungsgrundlage. Aber das willkürliche Abknallen dieser Tiere, zum Teil vom Zugfenster aus, auch die Tatsache, daß man die Kadaver zu Tausenden auf der Prärie verwesen ließ, deutet auf etwas Irrationales hin.

Enge menschliche Bindungen waren in der Frontiergesellschaft nicht die Regel. Ein Autor gab 1850 folgende Ratschläge zum richtigen Verhalten im Westen: »Siehst du, wie einem Mann der Tragesel davonläuft, halt ihn nicht auf – laß ihn zum Teufel gehn; es ist nicht deiner. Fällt seine

Packtasche herunter, sag's ihm nicht; er wird es schon merken. Hilf' im Camp beim Kochen – hol Holz und Wasser – sei aktiv – rauch deine Pfeife – stell nicht zu viele Fragen und du kommst durch *(an' you'll pass)*«. Henry Nash Smith schließt aus diesem und vielen anderen Beispielen mit Recht: »Die Auflösung der Bande, die in einer Gesellschaft die Menschen aneinanderbinden, könnte kaum weiter vorangetrieben werden.«

Geographische Ausdehnung erzeugt laut Toynbee soziale Zurückgebliebenheit. Umgekehrt muß man feststellen, daß lose soziale Bindungen die rasante geographische Ausdehnung hervorgerufen haben. Die Frontiergemeinden waren Ad hoc-, notfalls Gefahrengemeinschaften, in denen Hilfsbereitschaft und gute Nachbarschaft großgeschrieben wurden. Aber sie lösten sich so rasch und »problemlos« wieder auf wie sie sich gebildet hatten, sobald man glaubte, allein oder mit einer anderen Gemeinschaft seine Ziele besser verfolgen zu können.*

Die verschiedenen utopischen Experimente, könnte man einwenden, steuerten der sozialen Bindungslosigkeit entgegen. Doch erstens waren diese Utopien nicht typisch für den modalen Amerikaner. Zweitens waren sie meist – entweder von Anfang an oder im Endeffekt – eher anarchistisch als kollektivistisch. Die Transzendentalisten zum Beispiel hatten für Sozialismus nichts übrig. Sozialismus heiße *regimentation*, Regulierung, Ordnung, Beschränkung der Ellenbogen- und der Gedankenfreiheit. Mit den Transzendentalisten meine ich nicht nur die Klassiker um Emerson. Die gesamte amerikanische Historiographie des 19. Jahrhunderts hat einen transzendentalistischen, einen übersinnlichen Zug sogar. Für Bancroft war Geschichte ein »Te Deum des demokratischen Glaubens«, und noch Frederick Jackson Turner wurde vom Gefühl des sursum corda, empor die Herzen, gepackt, wenn er den Tempel der amerikanischen Geschichte betrat.

Die ideologische Konsequenz der Frontier-Mentalität war das Manifest Destiny, als Begriff 1845 von einem Journalisten in Umlauf gebracht. Manifest Destiny – das heißt die offenkundige Bestimmung, den ganzen Kontinent zu erobern und vielleicht noch ein bißchen mehr. Man wird auf gerader Linie über diesen Kontinent fliegen, prophezeite Thomas Hart

* Die soziale Bindungslosigkeit war nicht bloß ein Problem zwischen Fremden. Ein irischer Auswanderer schrieb 1856: » . . . i know people here from the town of Newbridge that would not speak to me if they met me on the public road and here I can laugh in there (sic) face when I see them.«

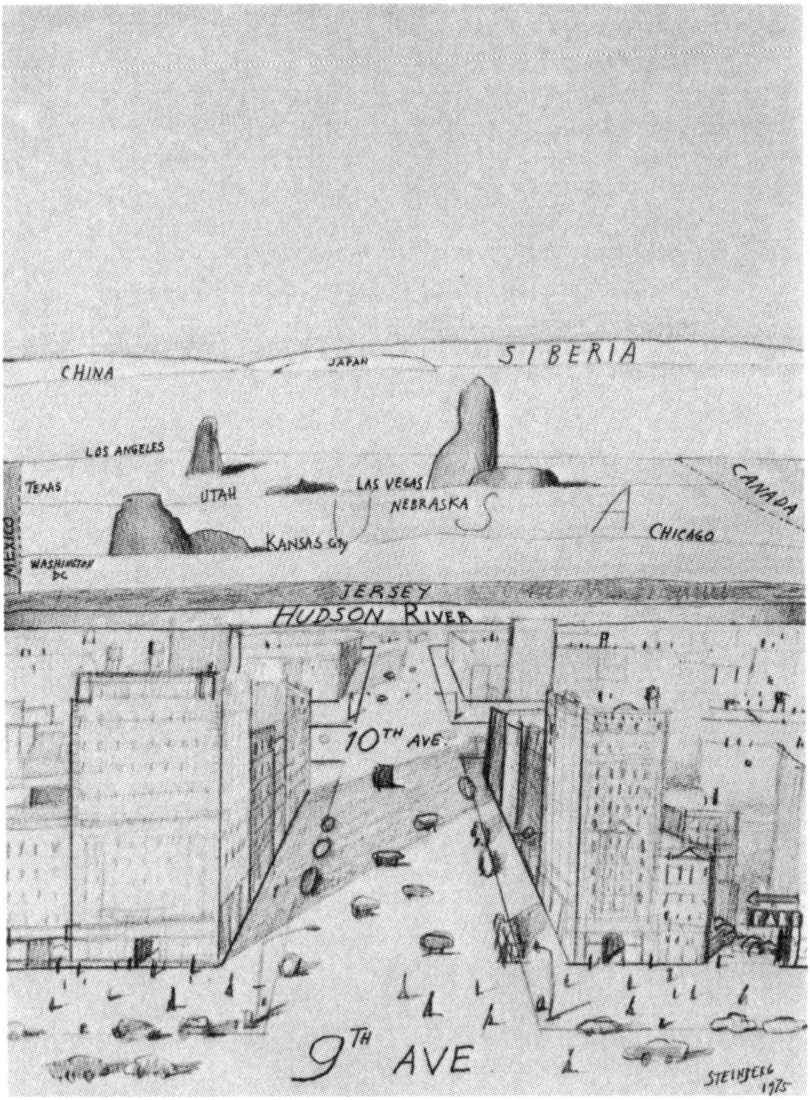

Saul Steinbergs Perspektive der »offenkundigen Bestimmung«, von der Ostküste aus über Kontinent und Pazifik in endlose Weiten vorzudringen.

Benton, fliegen bis nach China. Man wird fliegen – ohne Bodenberührung. Ebenfalls in der Mitte des 19. Jahrhunderts erklärte der Gouverneur des Territoriums Colorado, William Gilpin: »Es ist die unerledigte Bestimmung des amerikanischen Volkes, den Kontinent zu unterwerfen – über dies weite Feld bis zum Pazifik zu eilen – um die vielen hundert Millionen seiner Einwohner zu begeistern und sie nach oben zu jubeln *(to cheer them upward)*«. *Up and away* ist die Richtung des Vektors im amerikanischen Kräfteparallelogramm, ein paar Sekten wie die Amish oder die Amana oder die Etablierten in Boston und Worcester vermögen daran nichts zu ändern. Noch 1940 sprach ein amerikanischer Senator allen Ernstes: »With God's help, we will lift Shanghai up and up, ever up, until it is just like Kansas City.«

Die Ideologie des Manifest Destiny hatte eine rassistische Unterströmung, die mit Darwins Hilfe verstärkt werden konnte. Charles Darwin führte den wunderbaren Aufstieg der Vereinigten Staaten von Amerika auf den Charakter der Amerikaner, auf *natural selection* zurück. Diejenigen seien ausgewandert aus allen Teilen Europas, die mehr Energie, Rastlosigkeit und Mut besaßen als ihre Landsleute. (Notabene: eine Generation später wurde diese Auffassung von Hitler vertreten.) Amerikanische Interpreten, der Historiker John Fiske zum Beispiel, entlehnten in den 1880er Jahren ein paar von Darwins Schlagworten, reduzierten die europäische Auswanderung auf den englisch-schottischen Bestandteil und sprachen diesem und den USA einen Anspruch auf Weltführung zu. »Wir sind die Pioniere der Welt«, hatte es bei Melville geheißen, »der Herrgott hat unser Volk zu großen Dingen bestimmt, Großes erwartet die Menschheit von uns, Großes empfinden wir in unserer Seele. Die meisten anderen Völker werden bald ins Hintertreffen geraten. Wir sind ... die Vorhut, die durch die unerforschte Wildnis marschiert.«

Seit der Antike, seit Seneca kennen wir die Vorstellung, die bis dahin bekannte Erde habe noch ein Land »Nirgendwo«. Als sich das Manifest Destiny auf dem Kontinent erschöpft hatte, mit den bekannten Vorstößen wie nach Mexiko und Oregon, war die nächste Station China. Amerikanische Kaufleute und Missionare haben sich China früh als reale Möglichkeit erkoren. Im amerikanischen Bewußtsein figuriert China als beinahe mythologisches Ziel.

Sind die irdischen, die wirklich erreichbaren Ziele erreicht, verlängert sich der Vektor ins Überirdische. In der amerikanischen Literatur stößt man auf dieses Phänomen immer und immer wieder. Melville stellt sich im

Moby Dick die Welt als Infinitum vor, auf dem man ewig weitersegeln kann. Eine lohnende Reise wäre eine, auf der man immerzu neue Entfernungen bewältigt, neue Perspektiven gewinnt – »we could for ever reach new distances, and discover sights«. In *distance* und *sight* erkenne ich zu meiner großen Genugtuung zwei Begriffe, die Balint wörtlich zur Charakterisierung der objektschwachen Person verwendet. In Thoreaus *Walden*, das ihn doch der Erde näher bringen sollte, gibt es Stellen der Erdferne, der halluzinativen Entrücktheit: »Start now on that farthest Western way, which does not pause at the Mississippi or the Pacific, nor conduct toward a wornout China or Japan, but leads on direct a tangent to this sphere, summer and winter, day and night, sun down, moon down, and at last earth down too.«* Die irdische Fortschrittsgläubigkeit der Amerikaner, der amerikanische Optimismus zeigt hinter der Fassade einen schrecklichen Fatalismus, eine tief pessimistische Untergangsstimmung, eine Sehnsucht nach Körperlosigkeit und Selbstauflösung. Der amerikanischste aller amerikanischen Dichter, wie man ihn genannt hat, und der Dichter des Manifest Destiny, Walt Whitman, hat die Gemütsverfassung seiner regsamen und scheinbar so zuversichtlichen Landsleute bestens durchschaut. Sie ziehen nach Westen, schrieb er 1871 in *A Passage to India*, »wandering, yearning, curious, with restless explorations, with questionings, baffled, formless, feverish – with never-happy hearts ...«**

* Auf denn, ziehe jene weiteste Straße, die nicht am Mississippi oder am Stillen Ozean ihr Ende findet, die nicht nach dem abgewirtschafteten China oder Japan führt, sondern geradewegs auf eine Tangente dieses Erdballs. Dort wandere Sommer und Winter, Tag und Nacht, bis die Sonne – der Mond – ja, bis die Erde hinter dir verschwindet.

** Die ganze Stelle lautet in der Küchler-Übersetzung:
Niedersteigend aus Asiens Gärten im Strahlenglanz,
Adam und Eva erscheinen, dann ihrer Nachkommen Myriaden in ihrem Gefolge,
Wandernd, verlangend, wissensbegierig, in rastlosem Forschen,
Voll von Fragen, genarrt, gestaltlos, fiebernd, mit nimmerglücklichen Herzen,
Mit diesem traurigen, nie verstummenden Kehrreim: *Wozu, unbefriedigte Seele?* und *Wohin? o spöttisches Leben?*
Ach, wer wird diese fiebernden Kinder besänftigen?
Wer rechtfertigen dieses ruhelose Forschen?
Wer das Geheimnis künden gefühlloser Erde?
Wer sie binden an uns? Was ist diese Natur, so unnatürlich von uns getrennt?
Was ist diese Erde für unsere Liebe? (unholde Erde, ohne ein Herz, das unserem schlägt.
Kalte Erde, Stätte von Gräbern.)

Eine Grunderfahrung des objektschwachen Typs ist Unerfülltheit. Er reist ohne anzukommen. Einer der prototypischen Frontiersmen, Andrew Jackson – für die Geschichtsbücher der vitale Rabauke und angeblich mit beiden Füßen auf der Erde stehend –, war gequält von einer Todessehnsucht, die ans Selbstmörderische grenzte. In seinem Revier an der südwestlichen Siedlungsgrenze waren Duelle und Shootouts an der Tagesordnung und die Beschäftigung mit der sogenannten Friedhofslyrik eine verbreitete Erscheinung. Ganz und gar eine Fabel der Angstlust ist Poes »Arthur Gordon Pym«. »Wir sahen nunmehr eine Katastrophe voraus und wurden nicht enttäuscht.« Obgleich physisch fast vernichtet, wird Pym ständig nach vorn getrieben. Knapp dem Tode entronnen, fordert er den Kapitän nicht zu Heimkehr auf, sondern weiter in Richtung Pol vorzudringen. Noch im tiefsten Erschöpfungszustand träumt er von Bewegung: »... in all which passed before my mind's eye, *motion* was a predominant idea. Thus, I never fancied any stationary object, such as a house, a mountain, or anything of that kind; but windmills, ships, large birds, balloons, people on horseback, carriages driven furiously, and similar moving objects, presented themselves in endless succession.«*

* Hervorhebung von *motion* im Original.

WESTERN SONGS UND DEUTSCHE WANDERLIEDER

Die Pioniere des amerikanischen Westens setzten – gelegentlich ganz bewußt – die mobile Tradition der Einwanderer fort.

> We cross the prairies as of old
> The Pilgrims crossed the sea,

heißt es in einem Lied aus Kansas von 1876. Es überrascht nicht, daß in den Liedern des amerikanischen Westens kein Mangel an Verben der Bewegung herrscht. Das häufigste ist wahrscheinlich *to roam.*

> ... at the age of seventeen
> young Sam began to roam
>
> I left my country, my friends and my home
> O'er plains and deserts to the mountains to roam ...
>
> Where the wolf and the bear unmolested did roam
> Away, far away! Deseret ist my home ...

Natürlich erscheint *to roam* auch um des schönen Reimes mit *home* willen, doch gibt es genügend Beispiele, in denen die Reimfunktion keine Rolle spielt.

> We roam the wide prairies
> without a single fear ...
>
> He left his home when quite a boy
> and went roaming far away ...

To roam wird am besten übersetzt mit »ziellos umherschweifen«. Es charakterisiert recht genau die Bewegungsart der objektschwachen Person. Auch bei Frauen kann man hoffen, daß sie »am Umherschweifen« Gefallen finden – undenkbar in der europäischen Tradition.

> Oh, give me the wife,
> the pride of my life,
> she can ride, she can shoot like a man,

she's a fond and true heart,
and we never will part –
together, we'll roam through the land.

Typischer jedoch ist, daß man das Leben draußen an der Frontier als einsame Angelegenheit empfindet und schätzt.

I live upon a homestead claim;
From women I am hid.
I do not have to dress a wife,
Or take care of a kid.

Ehe er in den Westen aufbrach, mußte der Pionier Haus und Herd aufgeben.

When I left the States for gold
Everything I had I sold:
A stove and bed, a fat old sow,
Sixteen chickens and a cow.

Im Westen hatte er dann jede Gelegenheit, seiner schwachen Objektbeziehung zu leben.

... I like my plates to keep them clean,
and just shove things away ...

Der Pionier, der Scout, der Goldgräber, der Bergarbeiter ist immer bereit, seine Umgebung zu wechseln, einen neuen Weg einzuschlagen, auf die *range* zu gehen. Er eilt den Plains zu, entschlossen, in Bewegung zu bleiben. »Away, far away!« heißt die Parole, oder »cut and run«. Er schüttelt die Erde ab, die an den Füßen klebt, »heigh o, and away we go«. »On the fly« springt der Hobo später auf Eisenbahnzüge auf, die mit den Worten *speeding, fleeting, dashing, flashing* beschrieben werden. Der Pionier hat das Land seiner Geburt ohne Bedauern verlassen, heißt es im Lied, und nun strebt er dem letzten Round-up auf den Plains jenseits des Horizonts zu. Die eigene Rastlosigkeit konnte sogar selbst persifliert werden:

At Groundhog Glory I had a fight.
They drove me away from Hell's Delight,
When I went off to prospect.

From Bogus-Thunder I ran away –
At Devil's Basin I wouldn't stay
My lousy shirt crawled off one day ...

»It's my confirmed ambition«, sagte der Postkutschenfahrer, »to be up and on the go«. Die Räder der Kutsche »berühren kaum je den Boden«, so groß ist seine Kunstfertigkeit, die Pferde zu lenken.

Man findet im Western Song auch einige objektstarke Bezüge, keine Frage. Manchmal muß ein mobiler Mann seine seßhafte Frau erst auf Trab bringen.

Dear wife, let us go
and don't let us stand.

Andere haben Zweifel, ob sie klug handelten, als sie nach Westen zogen.

Tonight as I rode 'round my cattle
I thought of my once cozy home,
So full of the little one's prattle,
And wondered how I came to roam.

Wieder andere bereuen ihren Entschluß und geloben Seßhaftigkeit.

I used to run about, now I stay home
Take care of my wife and child.
Nevermore to roam, always stay at home ...

Einige versuchen Rechenschaft abzulegen über die »falsche Illusion«, die sie zur Rastlosigkeit verführt hat, die »närrischen, goldenen Träume«. Der Hauptakzent jedoch liegt auf schwachen Objektbeziehungen. Diejenigen leiden am meisten, die keinen Weg aus den etablierten Staaten des Ostens fanden.

I tried to get out of the country
But poverty forced me to stay ...
We do not live – we only stay,
And are too poor to get away ...

Der objektschwache Typ erträgt Unannehmlichkeiten leichter als Unbeweglichkeit. Er braucht Angstlust. Die »joyful strains«, von denen eines der

Lieder singt, sind ein recht passendes Oxymoron. Nur in wenigen Liedern wird ein konkreter Grund angegeben, warum nun einer aufbrach; es besteht auch kein größeres Interesse daran, wohin er sich wandte.

I'm going far away
But I don't know where I' will go.

Die meisten der zitierten Liedstellen stammen aus der ersten Hälfte des 19. Jahrhunderts. Sieht man sich deutsche Wanderlieder aus dieser Zeit an, ergibt sich ein ganz anderes Bild. Im Gegensatz zum Pionier des Westens bewahrt sich der deutsche Wanderer starke Objektbeziehungen. Zuerst einmal ist der Abschied kein Ereignis, das Freude verursacht. Scheiden tut weh, man *muß* zum Städele hinaus, man zieht traurig fort.

... ich muß aus meiner Heimat scheiden,
und das tut weh.

Unterwegs weicht der Wanderer Objekten nicht aus, sondern versucht, sich vertraute Gegenstände und Personen zu vergegenwärtigen.

... doch dem Wandersmann erscheinen
aus den altbemoosten Steinen
oft Gestalten zart und mild.

Erträglicher wird der Wanderschweiß, weil man auch in der Ferne an die Lieben zu Hause denken kann.

Denkt beim stillen Abendsterne,
denkt an den entfernten Freund.

... denk ich gern an euch zurück

... dein werden wir stets gedenken
dir unsre Freundschaft fest und gut
auch in der Weite schenken.

In einem Gedicht von Emanuel Geibel mit dem schmerzhaften Titel »Mag auch heiß das Scheiden brennen« (1856) heißt es tröstend

Keine Ferne darf uns kränken
Denn uns hält ein froh Gedenken.

Der Gedanke an die Freunde erlaubt die Illusion, daß gar keine Trennung stattgefunden hat.

> Wer es gut gemeint,
> bleibt mit uns vereint
> so als gäbe es gar kein Scheiden …

Obendrein wird die Wanderlust als etwas Vorübergehendes verstanden. Rückkehr und Wiedervereinigung sind bereits vorgesehen.

> Und hab ich mir die Welt besehen
> und lernte kennen Volk und Land,
> dann sei mein Schritt aus fernen Höhen
> euch, teuren Lieben, zugewandt.
> Fern in fremden Landen war ich auch
> bald bin ich heimgegangen …

Aus einem der Lieder wird der Unterschied zwischen dem Permanenten und dem Temporären mehr als deutlich.

> Gott weiß, zu dir (= Heimat) steht *stets* mein Sinn,
> doch *jetzt* zur Ferne zieht's mich hin.

Es ist, als müßte sich der Wanderer bei der Heimat für seine Wanderslust entschuldigen. Paradoxerweise ist eines der häufigsten Wörter im deutschen Wanderlied das Wort Ruhe.

> … dann fahren wir wieder dem Vaterhaus zu
> und landen am Ufer und kehren zur Ruh.
> Komm her zu mir Geselle
> hier findst du deine Ruh.

Einige Liederdichter – Rückert, Eichendorff, Julius Levy – lassen ihre Wanderer nicht zurückkehren oder ankommen. Aber die meisten anderen haben die Wanderburschen mit starken Objektbeziehungen ausgestattet.

Die länderspezifischen Unterschiede im Volkslied setzen sich in der modernen Schlagermusik fort. Der amerikanische Popsänger findet etwas *too close for comfort* und hält es lieber mit dem *movin' on. Don't fence me in*, ist sein dringender Wunsch und er sucht sich seine *kicks on Route 66*. Nach Los Angeles zu fliegen, *flying into Los Angeles* ist das schönste der

Gefühle, *we couldn't ever feel much finer*. Amerikanische Schlagertexter arbeiten sehr häufig mit dem Begriff des Fliegens: *come fly with me, let's fly away, fly me to the moon*. Dahinter steht die Idee des *let's get away from it all*, des *got to get away, des going up the country*, des *I take you higher*. Egal, ob es sich um Sinatra oder die Woodstock-Generation handelt, der objektflüchtige Instinkt ist derselbe.

In der deutschen Schnulze ist wie im deutschen Wanderlied bei allem Fernweh die Rückkehr inbegriffen:

> Fährt ein weißes Schiff nach Hongkong
> Hab ich Sehnsucht nach der Ferne,
> Aber dann in weiter Ferne
> Hab' ich Sehnsucht nach zu Haus.

Oft ergeht die Aufforderung, die Heimat gar nicht erst zu verlassen.

> Pfeif auf Rom, Paris,
> Deine Augen schließ,
> denn auch ein Hausbalkon
> Ist dann ein Paradies.

Distanz und Perspektive sind nicht gefragt. Das Paradies ist zu Hause. Dort kann geträumt werden. Es ist dieselbe Spaltung wie zwischen Seßhaften und Auswanderern. Der Seßhafte erfuhr fremde Welten bei der Lektüre von Gerstäcker oder Karl May, auf dem Kanapee liegend. Dem Auswanderertyp war das nicht genug, er wollte die Erfahrung selbst machen.

Der Swingstil veranlaßt Zuhörer, mit den Füßen mitzutappen. Bei Jitterbug, Rock'n Roll und anderen Formen der Tanzwut verlassen die Füße überhaupt den Boden. Das geht bis zur Akrobatik. *Fidgety Feet* sind – auch dem Wort nach – Kennzeichen des Philobaten, wie Michael Balint den objektschwachen Typus nennt. Einem amerikanischen Historiker, dem ich einen ersten Entwurf meiner Theorie zum Lesen gab, hörte während der zunächst recht skeptischen Lektüre im Radio einen modernen Country-Westernsong »I was born the running kind with leaving always on my mind ...«

Selbstverständlich gibt es Gegenbeispiele. *Lean on me*, heißt es in einem Song, *hold me tight* in einem anderen, *let's never part* in einem dritten. Auch amerikanische Liebeslieder kommen nicht ohne die Beschwörung körperlicher Nähe aus. Doch vorherrschend sind die Bilder des

Fernwehs, des Fliegens, des Nichtumkehrenkönnens, das Bild vom Fluß ohne Wiederkehr.

Eine beachtliche volkskundliche Studie über den »territorialen Menschen« nennt als das allgemeinste und ausschlaggebende Auswanderungsmotiv den »Satisfaktionsverlust im Heimatraum« und den Drang, in einem neuen Territorium Satisfaktion zu finden. Das Auswanderungslied zeigt »kaum Affekte im Hinblick auf Trennung« und unterscheidet sich damit vom deutschen Wanderlied oder auch von der italienischen Brautklage, in der nicht nur die Braut weint, sondern auch die Mauern und Türen des Elternhauses. Objekte werden anthropomorphisiert, so wie ja im psychoanalytischen Gebrauch Gegenstände und Personen ein und dasselbe sind. In russischen Soldatenabschiedsliedern wird von den Angehörigen und von den heimatlichen Requisiten Abschied genommen. Bei Abschiedsliedern ist generell ein Zögern vor der Abreise erkennbar – »besungene Handlung«.* Anders beim Auswanderungslied. Die Intention dieser Lieder ist »territoriumsperspektivisch«, sagt die Volkskunde ganz richtig, verkennt allerdings, daß die Satisfaktion auch im neuen Territorium nicht unmittelbar gefunden wird, die Unruhe hält vielmehr an, die Suche wird permanent fortgesetzt. Trauer verrät die Reaktion der seßhaft Bleibenden. In Irland wurden noch im 20. Jahrhundert für Auswanderer Abschiedsfeiern abgehalten, »die sich eng an das Totenritual hielten«. Eine Klagefrau schilderte die bevorstehenden Leiden der Emigranten (die sog. *American wakes*).

Der Eichendorff'sche Wanderer, auch wenn er im Lied eine Weile ausbleibt, ist nicht »der ruhelose Getriebene, der ›Unbehauste‹, sondern ein daseinsfroher, gottvertrauender Heimatentdecker«, dem Gott die rechte Gunst erweisen wollte. Eichendorffs Lieder waren etwas für die Wunschträume der »sozial Gebundenen«, die gar nicht die Absicht hatten, ihre Lebenswelt aufzugeben und keinen »Erfüllungszwang« verspürten, wie die Auswanderer. Ähnlich läßt sich der Erfolg fernwehkranker Gegenwartsschlager deuten.

Der Wanderer hat Heimweh. Heimweh ist als Topos in der deutschen Kultur fest verwurzelt, in der Poesie, im Liedgut. Genau deshalb mußte das Phänomen Heimweh von den Militärs als nicht-existent betrachtet wer-

---

* Vgl. die Verzögerung im »Handwerksburschenabschied«, einem Volkslied:
Es, es, es und es, es ist ein harter Schluß
Weil, weil, weil und weil, weil ich aus Frankfurt muß.

den. Ein deutscher Soldat hat kein Heimweh zu haben. Das Lied »Heimweh nach Köln« wurde mit seinem Kehrreim »Ich mööcht zu Foß nach Kölle gan« im 2. Weltkrieg verboten, weil es die Kampfmoral bedrohte und »in den weltweiten Räumen des Kriegsschauplatzes zu gefährlichen Gemütsdepressionen führte«. Amerikanischen Soldaten dagegen wurde das Heimweh nicht verboten, es wurde als Krankheit behandelt, heimwehkranke Soldaten sogar nach Hause geschickt. Die Amerikaner konnten es sich im Krieg leisten, Heimweh als Verirrung zu betrachten, weil Heimweh nicht im Hauptstrom der amerikanischen Kultur lag.

Nach 1700 mußte im Schweizer Heer ein bestimmtes Heimatlied für die im Ausland dienenden Soldaten verboten werden, denn »wenn die neu aus der Schweiz ankommenden Recrouten den so genannten Kühe-Reigen, den die Bauern in den Schweizerischen Alpen bei ihrem Vieh zu singen und zu pfeifen pflegten, unter denen alten Troupen angestimmt, worauf diese alsbald zu den süssen Andenken ihres Vaterlandes dergestalt erregt worden, daß sie ohne Halten in das so genannte Heimweh und zugleich in ein febrem ardentem zu verfallen begonnen, so gar, daß die Officiere öffentlich verbieten müssen, diese Weise weder mit dem Munde noch mit der Pfeiffe unter ernstlicher Strafe nicht mehr von sich hören zu lassen«.

Hinter den Verboten steht das schlechte Gewissen, eine an sich vom Staat geförderte Tugend, nämlich Seßhaftigkeit und Heimatliebe, für die Dauer eines Feldzuges außer kraft gesetzt zu haben. 1838 schrieb Ernst Freiherr von Feuchtersleben unter dem beziehungsreichen Titel »Zur Diätetik der Seele«, jeder Mensch sei ein Antäus, »jeden stärkt und belebt bis zur Unüberwindlichkeit die mütterliche Erde, wenn er an ihr liebend festhält«. Der Auswanderungswillige, der nun gar nicht mehr antäisch sein wollte, wich von einer Norm ab, und gelegentlich wurde diese Normabweichung vom Staat unterbunden. 1753 wurde einigen Hessen die Auswanderung nach Südkarolina verboten. Man hätte zwar, da sie arm waren, gern auf sie verzichtet, aber aus Prinzip befahl man, »so bald sie würcklich zu emigrieren in procintu stünden, selbige arretieren und anhero liffern zu lassen«. Die Wiederaufnahme der Rückwanderer war oft eine Gnade, die gewährt oder verweigert werden konnte. Es gibt noch im 19. Jahrhundert Beispiele dafür, wie Rückwanderer an den Grenzen abgewiesen oder bei illegaler Rückwanderung als Landstreicher behandelt wurden, weil sie es einmal gewagt hatten, die heimatliche Erde dadurch zu beleidigen, daß sie sich von ihr entfernten.

In der puritanischen Familie wurde auf den »angemessenen Abstand« zwischen Eltern und Kindern geachtet. Vater und Mutter gaben sich wenn nicht unnahbar, so doch zurückhaltend. Kinder wurden früh abgestillt, auf die Mutterbrust gelegentlich eine bittere Substanz gestrichen, um den Säugling abzuschrecken. Eines galt es vor allem zu vermeiden: ein Kind zu verwöhnen. Man hat halb im Scherz behauptet, durch das vorzeitige Abstillen sei die amerikanische Kultur auf eine orale Grundlage gestellt worden – von der Kanonisierung der weiblichen Brust bis zum Kaugummikauen –, weil sich der amerikanische Mann später holte, was ihm früh versagt wurde.

Gebt mir andere Mütter und ich gebe euch eine andere Welt, forderte Augustinus. In Amerika stehen wir vor dem Phänomen der »distanzierenden Mutter«, einer Mutter, die zu ihrem Kind auf Distanz geht, seelisch und durch den frühen Entzug der Mutterbrust und auch ganz wörtlich, indem sie die Kinder von sich entfernt. Die hochgelobte und von vielen als frauliches Vorbild angesehene Abigail Adams war eine distanzierende Mutter, die ihren heranwachsenden Sohn jahrelang in England allein ließ. John Quincy Adams war zwischen dem 12. und dem 20. Lebensjahr mit seiner Familie keine zwölf Monate lang zusammen. Er übernahm das Muster und bewahrte zeitlebens Distanz von anderen.

Die amerikanischen Mütter waren keine Rabenmütter, und die Psychologen, die eine auf Entfernung abzielende Erziehung vertraten, meinten es wie immer gut mit den Kindern. »Wir müssen uns klar machen«, schrieb einer von ihnen, »daß unsere Kinder auf dem Weg nach oben sind: sie müssen ihre eigenen Pfade zu den Gipfeln über uns wählen dürfen . . .« Zur Erreichung dieses Ziels empfahl der Behaviorist Watson den bewußten Liebesentzug als Erziehungsmethode. Das Kind hat eine Welt zu erobern. Mutterliebe kann es nur daran hindern. Man soll die Kinder lehren, allein zu spielen. Man soll sie aufs Töpfchen setzen und sie dann allein lassen. Benjamin Spock griff die Tradition des Alleinlassens auf. Er plädierte dafür, Kinder möglichst früh in Einzelzimmern unterzubringen und hielt es für schädlich, Kinder je bei den Eltern im Bett schlafen zu lassen.

Amerikanische Söhne werden während des Sommers in Camps gesteckt, in Ertüchtigungslager, damit keine weibischen Schwächlinge aus ihnen werden. Das College liegt – für die, die es sich leisten können – nicht am Heimatort. Die Lehrer dort treten *in loco parentis* auf, in Vertretung der Eltern, denn die ständige physische und seelische Nähe der Eltern wird als abträglich erachtet.

Das amerikanische Kind wurde gefühlsmäßig unterstimuliert. Es durfte nicht anhänglich werden, mußte radikalen Orts- und Lebensveränderungen gewachsen sein, elastisch bleiben, obenauf schwimmen. Weil es einer Erwiderung nicht sicher war, investierte das Kind keine Gefühle, schloß daraus Erik Erikson. »Was blieb, war die Ermutigung zu frühreifer Handlung und Beweglichkeit bis zum Zerreißpunkt.«

Eine distanzierende Mutter war Lillian Carter, die Präsidentenmutter, die als Krankenschwester wenig Zeit fand, sich um ihre Kinder zu kümmern und diese Aufgabe lieber schwarzen Ammen überließ. Nachdem ihr Sohn Präsident geworden war, sagte sie: »Mütter sollten meiner Ansicht nach arbeiten und ich glaube fest daran, daß es besser für ein Kind ist, wenn es die Mutter nicht jede Minute um sich hat. Aus Kindern, die sich an die Mutter klammern, werden erwachsene Babies. Und ich meine, es ist gut für Mutter und Kind, wenn sie tagsüber meistens getrennt sind.«

Ich halte es für wahrscheinlich, daß schwache Objektbeziehungen bei Personen entstehen oder entscheidend gefördert werden, die sich von ihren Eltern, besonders der Mutter, im Stich gelassen fühlen. Die distanzierende amerikanische Mutter spielt eine entscheidende Rolle in diesem Prozeß. So wie die Auswanderer ihre Eltern verlassen haben, erwarten sie ihrerseits, daß die Kinder sie verlassen, daß sie »beyond«, über die Eltern hinaus, gehen, sich fortbewegen, nach oben streben, »moving on« und »moving up«, wie Margaret Mead die uns schon bekannte Richtung beschrieb. Spätestens in der dritten Einwanderungsgeneration ziehen die Kinder in eine andere Stadt, gehen in einen anderen Beruf, lernen einen anderen *skill*. Der Vater wird nicht bekämpft, er wird einfach überholt. Die Objekte der Vergangenheit läßt man hinter sich liegen, ohne Trauer darüber zu zeigen. Nicht der erreichte Punkt, die zurückgelegte Strecke ist wichtig, erkannte Margaret Mead. Der Erfolg liegt stets vor einem. Besonders befriedigend ist es, Amerikaner, die schon länger im Land sind als man selbst, zu übertreffen, *to outdo*, bei Mangel an Geld und Bildung eben mit stumpfsinnigen Rekorden. Diese psychisch bedingte und kulturell geforderte Haltung verlangt ihren charakterlichen Tribut.

In einer recht aufschlußreichen Studie untersuchte David Mantell die Entwicklungsgeschichte von amerikanischen Berufssoldaten und Kriegsdienstverweigerern. Eine kollektive Psychobiographie ergab, daß die Soldaten dynamisch, überaktiv, impulsiv und rastlos sind. Sie suchen Aufregung, Spannung, Abenteuer, Gefahr und – Einsamkeit. Andere Leute halten sie sich vom Leibe *(they keep people at a distance).* Sobald sich eine menschliche Beziehung vertieft, wird sie als Last empfunden und gelöst. Den Verheirateten fiel der Abschied von Frau und Kind so leicht, als wären sie nicht in den Krieg gezogen, sondern zu einem Wochenendausflug aufgebrochen. Auf irgendeine Weise schienen sie alle von ihrem früheren Leben davonzulaufen. Bereits in den Entwicklungsjahren hatten sie keine enge Bindung zu anderen herstellen wollen. Dabei waren sie in Kindheit und Jugend äußerlich keineswegs isoliert oder einsam. Mantell hält dies für ein Paradox und vermag den »offenkundigen Widerspruch« nicht aufzulösen. Warum sind die Berufssoldaten in ihren Heimatorten relativ erfolgreich groß geworden, warum führen sie als Erwachsene das »entwurzelte Leben« eines Landsers, ohne Heimweh zu zeigen? Die Soldaten leben ein aktives gesellschaftliches Leben *(social life)*, kennen viele Leute, haben zahlreiche Freunde und Freundinnen, und doch spielen all diese Personen »eine unwichtige und periphere Rolle in ihrem Leben«. Die Berufssoldaten sind fast durchweg – und das ist des Rätsels Lösung – in Familien aufgewachsen, in denen die Ablehnung die Zuwendung überwog, Vater und Mutter eifrig Schläge austeilten und der insgesamt autoritäre Erziehungsstil den Zweck verfolgte, das Kind möglichst rasch zum Verlassen des Elternhauses zu bewegen.

Anders die Kriegsdienstverweigerer. Sie wuchsen in »demokratischen« Haushalten auf, in denen weniger geschlagen und die Signale der Zuneigung beständiger waren. Als Konsequenz entwickelten Kriegsdienstverweigerer das Bedürfnis nach Introspektion, Empathie und Freundschaft, Hilfsbereitschaft und die Bereitschaft, sich helfen zu lassen. Sie sind durch andere beeinflußbar und halten geteilte Erfahrung und persönliche Beziehungen für das wahre geistige Abenteuer. Bei den meisten psychologischen Tests weichen sie stärker von der amerikanischen Norm ab als die Berufssoldaten oder auch die Wehrpflichtigen. Mit anderen Worten: die Berufssoldaten mit ihren objektvermeidenden Eigenschaften entsprechen dem modalen Amerikaner eher als die objektsuchenden Kriegsgegner.

Die North American Review schrieb 1889, die Amerikaner seien ihrer Natur nach Ikonoklasten. Wenn sie nicht bereit gewesen wären, die Reliquien und Einrichtungen der Geschichte von Zeit zu Zeit zu zertrümmern, wäre Amerika eine Provinz, ein matter Abglanz des feudalen Europa geblieben. In einem mörderischen Krieg lösten sich die Amerikaner von England und erstickten die schwelende Restauration. In Deutschland gab es Bewunderer, aber keine Nachahmer. Die jahrhundertealte Trägheit war stärker. »Letztlich kommt doch die Monarchie«, meinte abwieglerisch ein deutscher Anonymus 1783. Die politökonomischen Interpreten der amerikanischen Revolution haben ihre Trümpfe längst gespielt. Die Wirtschaftshistoriker konnten sich trotz verfeinerter statistischer Methoden nicht einig werden, ob die Kolonisten damals unter imperialistischem Druck standen oder nicht. Die Ideengeschichtler mußten einräumen, daß sich Rebellen und Königstreue oft ein und desselben philosophischen Gedankenguts bedienten. Joseph Galloway zitierte zur Rechtfertigung seines loyalistischen Standpunktes nach Herzenslust aus den Schriften von John Locke und Pufendorf – genau wie seine politischen Gegner. Viel wichtiger für den Ausbruch der Revolution war, wie die Gängelung durch einen Gouverneur oder die Anhebung eines Steuertarifs aufs Bewußtsein wirkte und was eine Person oder eine politische Gruppe mit dem geschriebenen Wort machte.

Das Überlegenheitsgefühl der Auswanderer und ihrer Nachkommen darf beim Entstehen der amerikanischen Anglophobie nicht unterschätzt werden. Jefferson sagte geringschätzig, die Engländer seien in ihrem Lande aus *chance*, nicht aus *choice*. England, dieser »alte verfaulte Staat«, hielt im Urteil Benjamin Franklins keinen Vergleich zu »unserem aufsteigenden Land« mehr aus.

Der wirtschaftliche Druck, den König, Parlament und Handelsgesellschaften auf die Kolonien ausübten, war vergleichsweise schwach. Ein Historiker wählt eine signifikante Metapher, wenn er über die britische Politik nach 1763 sagt: »Bis dahin hatte der Schuh nie gedrückt, weil man die Schnürsenkel nicht zugebunden hatte...«. Als aber England im Grunde harmlose Wirtschaftsgesetze erließ und auch zu vollziehen trachtete, da wurden diese Gesetze als In-tolerable Acts, als unerträglich empfunden, da strebte man nach *Independence*, da wollte man die *grievances*, die Gravamina, die empfundenen Lasten und Beschwerden nicht länger tragen.

Die Gründungsväter wußten um ihre historischen Vorläufer. Massachusetts hatte sich schon 1661 das Recht genommen, Männer zu *freemen* zu erklären. Im nächsten Jahrzehnt fiel im Schriftverkehr zwischen den Kolonien und England ein Satz, der das entstehende Selbstgefühl der Kolonisten charakterisiert wie kein zweiter: »... the lawes of England are bounded within the fower seas, and do not reach America« – die englischen Gesetze reichen über die Brandung vor Englands Küsten nicht hinaus. Die praktische Selbständigkeit war kein Spezifikum Neuenglands. Pennsylvania zum Beispiel hatte es verstanden, sich als Eigentumskolonie von der Kontrolle durch den Eigentümer so gut wie freizumachen.

Als die Vereinigten Staaten eine Verfassung brauchten, stand der Wunsch nach einem schwachen Staat, nach *limited government*, im Vordergrund. Diejenige Regierung wurde als die beste empfunden, die am wenigsten regiert. Die staatsrechtlichen Quellen konnten so oder so ausgelegt werden. Der Engländer Blackstone sah in Coke einen Verfechter der Parlamentshoheit, die Amerikaner einen Gegner des Zuvielregierens.

Thomas Paine hatte 1776 in seinem Common Sense die Amerikaner dazu aufgerufen, sich England weder zu unterwerfen noch in Abhängigkeit zu verharren, um nicht in die europäischen Kriege hineingezogen zu werden *(to get involved)*. Jefferson warnte seine Landsleute vor »entangling alliances«, vor der Verstrickung in eine internationale Bündnis- und Vertragspolitik; ähnlich George Washington. Die Tatsache, daß die USA erst Ende des 19. Jahrhunderts die Rechte ausländischer Autoren anerkannten, die Ablehnung des Völkerbunds durch den Senat, die Widerstände waschechter Republikaner gegen die UNO – das sind verschiedene Beispiele für eine Sache: die isolationistische, objektvermeidende Natur politischen Verhaltens in Amerika.

In der Debatte um das Für und Wider des Völkerbunds rief ein blinder Senator aus Minnesota »To hell with Europe and the rest of those nations«. Er war einer von denen, die glaubten, Europa dauernd hinter sich gelassen zu haben. Das eigene Land erschien geziemend groß, es war Zeit- und Energieverschwendung, sich mit Dingen abzugeben, die sich nicht lohnten und die einen nichts angingen.

Bezeichnenderweise trat in denjenigen Gegenden der USA der Nativismus und die Xenophobie am frühesten auf, wo gutes, freies Land zur Neige ging – im Osten. Im Westen waren in den 1880er Jahren europäische Einwanderer noch willkommen, desgleichen südlich der Mason-Dixon-Linie. Ich halte es nicht für einen Zufall, daß sich der Nativismus vor allem gegen die objektstarken Katholiken kehrte. Außerdem tendiert der philobatische Typ immer ein wenig zum Verfolgungswahn. Der Präsident der anti-katholischen und fremdenfeindlichen American Protective Association galt als »leicht paranoid«.

Die antikatholische Zeitschrift *The Menace* behauptete, der Vatikan würde italienische Einwanderer nach Amerika beordern, weil sich die

Iren so schnell assimilieren. Richard Hofstadter hat ein ganzes Buch über den paranoiden Stil in der amerikanischen Politik geschrieben, führt ihn aber mehr auf soziale, weniger auf psychische Ursachen zurück. Ganz deutlich tritt die psychische Komponente bei Jack London zutage, der ein böser, rassebewußter Nativist wurde, nachdem er seine Bewegungsfreiheit eingeschränkt und seine grenzüberschreitenden Bedürfnisse frustriert sah.

Jedermann weiß, daß der expansionistische Drang der Amerikaner alles andere als zum Stillstand gekommen ist. Ostasien galt eine Weile als nächste Station des Manifest Destiny. Die Politik, die die USA in Vietnam betrieben, General Westmoreland sprach gar von einer »Philosophie«, bestand im »working our way out of a job«.* Man war ein »involvement« eingegangen, doch in der Meinung, daß es befristet sein sollte. Als der amerikanische Eintritt in den Ersten Weltkrieg unumgänglich schien, sagte William Jennings Bryan »The quickest way out of it is straight through it.« Das ist nicht einmal Augenwischerei; es entspricht der »Haltlosigkeit« amerikanischer Außenpolitik, die vom amerikanischen Nationalcharakter mitgeprägt wird. Louis Hartz hat die beiden großen außenpolitischen Impulse der USA in kluge Worte gefaßt: »Die Amerikaner scheinen abwechselnd vor der übrigen Welt zu fliehen und sie dann wieder mit allzugroßer Leidenschaft zu umarmen.« Die Nation wolle sich »entweder vor ›fremden‹ Dingen zurückziehen oder sie verändern, aber sie vermag nicht in Ruhe und Ausdauer Seite an Seite mit ihnen zu leben.« Diese scheinbare Ambivalenz löst sich auf, betrachtet man den Sachverhalt in psychoanalytischer Optik. Die ›fremden Dinge‹, das sind die Objekte, die zur Eroberung reizen, an denen man aber den Geschmack verliert, sobald man in ihrer Nähe ist. Amerikanische Politiker und politisch interessierte Amerikaner sind in der Regel Isolationisten und Expansionisten in einer Person, so wie es dem philobatischen Charakter entspricht.

Die Welt wird als Feld der Angstlust verstanden. Der Journalist Joseph Alsop sah 1965 Schlimmes voraus, »wenn sich Präsident Johnson vor der Herausforderung in Südvietnam wegduckt *(ducks the challenge)*«. Johnson müßte schon so agieren wie Kennedy während der Kubakrise. Letztlich aber, wie jedermann weiß, haben die USA Südvietnam doch fallengelassen, und danach Taiwan.

---

* Er sah Licht am Ende des Tunnels. Der Expansionsdrang Hitlers operierte mit einem verwandten Bild: durch Nacht zum Licht.

Theodore Roosevelt rief zum »strenuous life« auf, ohne anzugeben, welchem Ziel die Anstrengung dienen soll. Die Angstlust taucht immer wieder auf. Nixon war insofern ein repräsentativer Amerikaner, als er seinen politisch-persönlichen Krisen mit einer Art Haßliebe gegenüberstand und in Augenblicken akuter Bedrohung nach eigenem Bekunden ein Gefühl der »exquisiten Agonie« verspürte. Die Angstlust geht mit der Selbstzerstörung einher. Wie anders wäre es zu erklären, daß Nixon seine Straftaten auf Band aufnahm.

Die Objektschwäche wirkt sich auch innenpolitisch aus. Die Indianer können ein Lied davon singen. Ihre Verträge mit den Weißen wurden ebenso rasch gebrochen wie sie geschlossen wurden, ihre Territorien immer wieder überrannt. Ich meine hier aber noch etwas anderes. Die objektschwachen Amerikaner glaubten aus Überzeugung, kein System der sozialen Sicherung zu brauchen. Das Netz, das einen auffängt in der Not, kam ihnen eher vor wie ein Netz, das über einen geworfen wird oder wie ein Fanggürtel, an dem man kleben bleibt. Nur unter heftigen Krämpfen haben sich die USA ab 1935 zu einer etwas zeitgemäßeren Form industriestaatlicher Sozialgesetzgebung bequemt, ohne seither mittel- oder nordeuropäische Maßstäbe zu erreichen. Seit neuestem sollen die amerikanischen Staatshaushalte mit einem »zero-based budgeting« in Ordnung gebracht werden, also einer Haushaltsordnung, die sich auf Nichts gründet. Im Gegensatz zu den Parterre-Akrobaten der europäischen Politik haben die Amerikaner etwas von Trapezkünstlern an sich.

Dem Europäer geläufige Formen staatlichen Zusammenlebens werden als unfreiheitlich abgelehnt. Es gibt keine allgemeine Meldepflicht, obwohl die USA an der Kriminalität im Lande zugrundezugehen drohen. Eine Vietnamesin kam in die Vereinigten Staaten, um ihren Ehemann, einen ehemaligen GI aufzuspüren. Die Polizei, an die sie sich wandte, sagte ihr »Sie brauchen einen Zauberer«. Die Meldepflicht würde es auch tun, aber das historische Obrigkeitsverständnis der Amerikaner verknüpft mit der Meldepflicht den Gedanken an Gleichschaltung und staatliche Kontrolle.

Soziale Sicherheit, meint man, verträgt sich nicht mit dem freien Wettbewerb. Selbst diejenigen Gruppen, die den blanken Kapitalismus mit Solidarität überwinden wollen, werden vom Wettbewerbsdenken beherrscht. »We can out-organize the DuBois Clubs«, erklärte stolz ein junges Mitglied der Students for a Democratic Society. *To out-organize, to out-do, to out-run*, das ist Kampf, Bewegung und Flucht, ein sozialer Rhythmus, der in der Schule, im Sport, bei den Pfadfindern erlernt und Teil der amerikanischen Phylogenie wurde.

Diese amerikanische »Stammesgeschichte« summierte sich aus den Charaktermerkmalen der Einwanderer und der natürlichen Umwelt, die den Bedürfnissen der Einwanderer entgegenkam. Bei ehrgeizigen Interpreten der amerikanischen Kultur wie Margaret Mead, David Potter, Geoffrey Gorer und David Riesman wird dieser Sachverhalt zwar behauptet, aber nicht mittels eines stichhaltigen psychologischen Grundrisses bewiesen.

»Der Mann, der in Europa nur ein Ding getan hatte, mußte in der Neuen Welt hundert Dinge tun«, schrieb Margaret Mead. Das sei der Grund für die charakteristische Flexibilität der Amerikaner, ihre Bereitschaft, jede Aufgabe in Angriff zu nehmen, jeden neuen *skill* zu lernen, ohne sich allzusehr damit zu identifizieren. (Mead: »So we can put down as one characteristic of Americans a flexibility, a willingness to tackle any task, learn any new skill, quickly, easily, without much deep involvement.«) Wer diese Grundbereitschaft nicht mitbrachte, wer keine neuen skills lernen wollte, mußte in Amerika scheitern und kehrte notfalls nach Europa zurück. Der objektschwache Typus, schrieb Balint, eignet sich *skills* an, um zu überleben, unterschiedliche Aufgaben zu meistern und sich danach wie in einem Märchenland ohne größere Anstrengungen fortbewegen zu können. Mit überlegenen Fertigkeiten erobert er sich ein Traumland, und zwar so, »daß es der Welt nichts ausmacht, erobert zu werden«.

Der Amerikaner gab sich stets als Gleichheitsfanatiker, weil die Gleichheit »hinderliche Gegenstände zum Erfolg« aus dem Weg räumt, wie David Potter in *People of Plenty* erkannte. Um die Entfernungen zwischen den Klassen zu überwinden, muß Mobilität herrschen. Wo die Engländer sagten

God bless the squire and his relations,
And keep us in our proper stations,

brachen Auswanderer prinzipiell aus diesen *proper stations* aus; sie waren ihnen hinderlich. Seither neigen die Amerikaner dazu, Probleme zu überspringen oder sie zu umgehen. Aber nicht, wie Potter glaubt, weil der herrschende Überfluß *(abundance)* dazu einlädt, sondern weil sie damit seelischen Bedürfnissen nachkommen.

Geoffrey Gorer ist die den Amerikanern eigentümliche Einstellung gegenüber Dingen aufgefallen; es gibt sie angeblich bei keinem anderen

Volk. Der Amerikaner zeigt skill, er ist anstellig, aber er identifiziert sich nie mit seinem Material. Das Land wird ausgebeutet, dann liegengelassen, aufgegeben *(abandoned)*. Geld wird erworben und nach Befriedigung der Beutelust wieder aufs Spiel gesetzt. »Kein Volk der Erde gibt mit leichterem Herzen sein Geld aus.« Wichtig ist der Erwerb, für das Behalten gibt es »keinen tiefen emotionalen Grund«. Immaterielle Dinge erfahren eine ähnliche Behandlung. Gesetze und Verordnungen respektiert die amerikanische Gesellschaft nur obenhin. Es ist kulturell statthaft, sie zum eigenen Vorteil zurechtzubiegen oder sie auch nur zu umgehen *(to get around)*. Wer nach einer Gesetzesübertretung frei herumläuft, genießt nur mühsam verhohlene Bewunderung, in die sich Neid mischt *(to get away with something)*. Der Amerikaner habe eine Vision, sagt Gorer, Objekte spielen in dieser Vision nur eine untergeordnete Rolle, sie sind nur Zweck, Station, Sprungbrett, niemals Endpunkt.

Es ist nicht konkret auszumachen, was das Wesen der Vision ist, wonach der Visionär strebt. David Riesmans außengeleiteter Mensch kann seine Konsumbedürfnisse relativ leicht befriedigen. »Aber das Streben *(craving)* bleibt. Es ist ein Streben nach Befriedigungen, die andere zu erreichen scheinen, ein *objektloses Streben* (an *objectless craving**]«. Beim berühmten *pursuit of happiness* ist dem Glücksjäger die Jagd wichtiger als das Glück. Der außengeleitete Mensch ist überall und nirgends zu Hause. Er kann sich schnell und fast mit jedermann anfreunden, aber der Kontakt bleibt oberflächlich. Der Verfasser der *Einsamen Masse* hat hier nichts anderers als den objektschwachen Typus beschrieben. Die charakterologische Differenzierung hat schon viel früher stattgefunden, genau da nämlich, als sich der zukünftige Auswanderer nicht mehr damit abfinden wollte, daß sein Leben in statischen Räumen abläuft.

Der *American Dream* ist der Traum eines Philobaten. Bestandteil dieses Traums war seit jeher die *self-reliance*; einerseits die geistige und kulturelle Unabhängigkeit von Europa, wie sie Emerson verstand, andererseits die persönliche Unabhängigkeit von Mitmenschen und Gegenständen. Die Treue deutscher Helden ist ein Charakterzug objektbedürftiger Personen. Der wahre amerikanische Held agiert immer allein. Er verläßt wieder und wieder Sicherheitszonen, Europa, die Ostküste, den festen Boden unter den Füßen, und vertraut sich dem an, was für ihn freundliche Weiten sind – dem Ozean, den Great Plains oder dem Welt-

---

* Hervorhebung im Original.

raum. Die Amerikaner erscheinen als ein im wesentlichen transzendental orientiertes Volk. Pragmatismus und *down-to-earth*-Denken sind psychische Reaktionsbildungen und schon deshalb notwendig, um wenigstens ein Minimum an gesellschaftlicher Funktionsfähigkeit zu erzielen. Und im angewandten Pragmatismus ist das risikobewußte »*just try*« unverkennbar.

Eine der klassisch gewordenen Interpretationen, Erich Fromms *Fear of Freedom*, paßt nicht in den hier entworfenen Rahmen, weil sie falsch ist. Erich Fromm liegt falsch, weil die Amerikaner die Freiheit nicht fürchten und nicht aus ihr fliehen, eher fliehen sie *in* die Freiheit. Einen Faschismus nach europäischem Muster hat es in Amerika nicht gegeben, weil »die Reihen fest geschlossen« zu halten beim Amerikaner psychischen Horror erzeugt. Der unfreiwillig ausgewanderte Dr. Fromm hat das nicht gemerkt, weil er sein deutsches Gesellschaftsbild vor das amerikanische hielt und über dem *cras tibi* vergaß, daß jede Nation ihr eigenes archaisches Erbe hat. Das archaische Erbe besteht aus psychologischen Phänomenen, die durch äußere Einwirkungen hervorgerufen wurden, und aus persönlichen Aprioris, die wiederum bisweilen auch eine biochemische Komponente haben mögen. Das persönliche Apriori des Auswanderers war seine philobatische Disposition, seine Neigung zu schwachen Objektbeziehungen. Schwache Objektbeziehungen wurden zum kulturellen Apriori der amerikanischen Gesellschaft.

To be independent wird im Lexikon definiert als *not hanging on to someone or something*, eine recht gute Beschreibung eines philobatischen Merkmals. Die spezifisch amerikanischen Verhaltensformen haben sich in der amerikanischen Sprache niedergeschlagen. In Politik und Publizistik der USA wird auffallend häufig ein *America at the crossroads* beschworen, d. h. es ist an einem Punkt angelangt, der eine unwiderrufliche Entscheidung erfordert. Der Auswanderer stand einmal vor dieser Situation und hat sich dafür entschieden, mit seiner europäischen Heimat zu brechen. Heute noch ist eine Lieblingswendung der Amerikaner *give me a break!* für »gib mir eine Chance«. Der Journalist *breaks a story*, und der Makler, der neues Terrain erschließt, ist ein *broker*. Der Bruch mit Gehabtem, Vergangenem ist ein Trauma mit Wiederholungszwang. Der Sprachgebrauch kommt diesem Wiederholungszwang nach. Präsident Carter sagte bei der Ankündigung eines neuen Wohlfahrtsprogramms »Wir brauchen einen vollständigen und sauberen Bruch mit der Vergangenheit.« *A clean break with the past*, auch dies eine der häufigsten Wendungen in der Presse und hinter dem Rednerpult. Unter Vergangenes wird ein Schlußstrich gezogen. Der Bruch ist jeweils nicht das Ende, sondern die Chance zu einem Neubeginn. Was bei den Deutschen Abschlußfeier heißt, nennen die Amerikaner *Commencement*.

Der objektschwache Typ ist ständig bereit, die Anker zu lichten und sich in Bewegung zu setzen. Eine der meistgehörten Fragen in Amerika lautet *Where do we go from here?*, einer der geläufigsten Imperative heißt *let's go*! *To go* hat eine beinahe magische Qualität. In der Wendung *the go of America* ist es sogar substantiviert worden. Der *go-kart*, das *go-go-girl* und der *go-go-Stil* sind amerikanische Erfindungen. Wesentlich ist das Element der Bewegung. Der Deutsche sagt, »wir kommen aus«, der Franzose »on s'arrange«, der Amerikaner *we get by*. Von einem, der nicht tatenlos zusieht, sagt man, *he didn't take it lying down* oder *he didn't sit still at that*. Wer stillehält, verstrickt sich in Schuld: »We just can't sit by, like good Germans.«

Die Bewegung des objektschwachen Typs geht nach vorn. *Footdragging* ist verpönt. Was *far-out* ist, ist wirklich gut. Die Bewegung geht aber auch nach oben. Jemand der fähig ist, *to get things off the ground*, ist überall ein willkommener Mitarbeiter. Wer es irgendwo nicht mehr aushält, sagte *I can't stand it, let's get the hell out of here*. Bodenhaftung ist von Übel, *keep it up* eine vertraute Aufmunterung. Der Amerikaner sucht nach *peak experiences*, er befindet sich *on the air* und er offeriert eine Automitfahrgelegenheit mit den Worten *I give you a lift*. Der Tod ist so gefürchtet und wird von den Amerikanern so stark verdrängt *because he puts one on the spot*.

Die Bewegung nach vorn und nach oben wird dann als ideal empfunden, wenn sie freihändig geschieht, auch dies ein von Balint beschriebenes Charakteristikum des objektschwachen Typs. *Look ma, no hands*, ruft das Anerkennung heischende Kind. Wer einen Wettkampf *hands down* gewinnt, gewinnt ihn souverän. Der Westernheld in den *Dime Novels* erschlug Tausende von Indianern »mit einer Hand auf den Rücken gebunden«, wie Henry Nash Smith bildhaft schreibt.

America ist ein Name, der klanglich offen endet und auch deshalb attraktiver ist als *United States*. America suggeriert Offenheit, Grenzenlosigkeit, Perspektive, un-begrenzte Möglichkeiten. Es gibt ein Wort, das die Amerikaner über alles fasziniert, es ist das Umstandswort *beyond*. Der Auswanderer sah sein Ziel *beyond the ocean*, der Siedler *beyond the mountains*. Die heutigen Möglichkeiten, physisch jenseits irgend etwas zu gelangen, sind beschränkt. Um so heftiger wird *beyond* immateriell verwendet, und in den abenteuerlichsten Kombinationen. Die Zahl der amerikanischen Buchtitel, die mit *Beyond* ... anfangen, ist Legion. *Beyond the Desert, Beyond the Frontier, Beyond the Horizon* gemahnen an Pionierzeiten. *Beyond Freedom and Dignity* von B. F. Skinner und *Beyond the Melting Pot* von Glazer & Moynihan sind Bestseller geworden. Im Titelverzeichnis von *Books in Print*, dem amerikanischen Barsortimentskatalog von 1976, fand ich unter Hunderten von Beyond-Titeln *Beyond Culture, Beyond Desire, Beyond Curriculum*, das kam nicht weiter überraschend. Ungewöhnlicher klingen in unseren Ohren *Beyond Jencks* und *Beyond Plastic Surgery*. Das beyond kann nie weit genug entfernt sein, wie der Titel *Beyond Jupiter* beweist. Selbst hinter dem Metaphysischen gibt es für den Amerikaner noch etwas Jenseitiges, siehe *Beyond Telepathy* oder *Beyond ESP*.* Notfalls muß sich der Autor ins Paradoxe flüchten. Ein LSD-Report erschien unter dem Titel *Beyond Within*. Insge-

* Books in Print 1970.

samt waren 1976 rund 350 Bücher mit dem Titelanfang *Beyond*... im Handel. Der deutsche Barsortimentskatalog wies im selben Jahr ganze 45 Titel auf, die mit Jenseits... anfangen. Das non plus ultra der Jenseitigkeit drückt der Titel eines inzwischen allerdings vergriffenen Werkes aus: *Beyond the Beyond.*

Sich zu bewegen, sich schneller zu bewegen, zu beschleunigen ist das Ziel der Amerikaner, stehenzubleiben die »unverzeihliche Sünde«. Das sagte G. Lowes Dickinson im Jahr 1905. Damals konnte man den Bewegungsdrang zur Not noch mit frontierähnlichen Bedingungen in vielen Gebieten der USA zusammenbringen. Heute ist die allseitige Beweglichkeit keineswegs zum Stillstand gekommen. Die Einwohnerzahl in Mobile Home Parks, Wohnwagensiedlungen, ist in den letzten Jahren um mehrere hundert Prozent gestiegen; die Fluktuation dort ist beträchlich. Vierzig Millionen Amerikaner ziehen jährlich um. Während seines Lebens wechselt der Durchschnittsamerikaner vierzehnmal den Wohnsitz, der Engländer acht-, der Japaner fünfmal. Während schwarze Amerikaner häufiger innerhalb derselben Nachbarschaft umziehen, bleiben die Fernumzüge mehr den Weißen vorbehalten. Der Umzug ist oft mit einem Wechsel des Arbeitsplatzes verknüpft. Der Amerikaner wechselt Beruf und Stellung mit großer Selbstverständlichkeit »und läßt beinahe jedes Motiv gelten«. Wenn ein Motiv so gut ist wie das andere, muß das Grundmotiv tiefer liegen. Umzüge und Arbeitsplatzwechsel gehören zum Leben, und den meisten scheinen die Ortsveränderungen gut zu bekommen, solange mit dem *moving* ein *moving up* einhergeht.

In einem Western von John Ford sagt ein junger Frontiersman »My name and address is Don O'Malley«. Noch heute kokettieren Amerikaner mit der Vorstellung, ohne Adresse und andere gesellschaftliche Bindungen zu leben. Mehr als einmal versuchten mich Amerikaner mit einer Visitenkarte zu überraschen, die ungefähr so aussah:

no address		no phone
	JOHN F. SMIRK	
no business		no bank account

Ein Jux – die Smirks standen alle noch in der Tretmühle des Geldverdienenmüssens. Die Visitenkarte drückt einen momentan unerfüllbaren Wunsch aus, den sich viele allerdings nach dem Ausscheiden aus dem

Shane leaves as he came, without explanation or purpose, with the touching wail of Joey reaching him, »Shane ... come back, Shane ...«
»Shane ging, wie er gekommen war, ohne Erklärung und ohne Ziel«, lautet die Originalunterschrift zu diesem Bild aus einer populären Filmgeschichte (Mein großer Freund Shane).

Berufsleben erfüllen. Amerikanische Rentner und Pensionäre bevölkern in einem erstaunlichen Maß die Überlandstraßen, um ihren lange aufgestauten Bewegungsdrang in den *great outdoors* freizusetzen. Die »magnificent spaciousness« in den Plains oder im Big Sky Country, wie sich etwa der Staat Montana nennt, wird von vielen als Vorfeld von Eden empfunden.

Ein alltäglicher Ersatz für frustrierte Mobilität ist der Film. Filme – movies – bewegen sich. Eine Steigerung ist das *non-stop movie theater.* Das Element der Bewegung drückt sich in zahlreichen Filmtiteln aus, man denke an Chaplins *The Tramp, The Vagabond, The Pilgrim, Gold Rush* oder an die *Road Pictures* mit Bob Hope. Als ideal wird die Bewegung empfunden, die einen von der Erde abhebt. Erroll Flynn schwingt sich in seinen Seeräuberfilmen von Schiff zu Schiff. Niemand juchzt dabei so beglückt wie Amerikaner und Kinder in aller Welt. Das von Kindern so geschätzte Schaukelgefühl stellt sich dabei ein. Nicht zufällig üben Volksfeste eine so große Anziehungskraft auf Amerikaner aus. Schiffschaukeln und Achterbahnen sind Instrumente der Angstlust.

Eine besonders dramatische Form der Angstlust wird in den Katastrophenfilmen gepflegt, die in den USA wesentlich populärer wurden als in Europa. Objektverlust ist inbegriffen. Der amerikanische Humor erfand für *Jaws* den Untertitel *A Farewell to Arms*. Unverkennbar ist die Regressionsfunktion der Angstlust. In *Liebe ohne Hoffnung* (1976) sind zwei Menschen unheilbar krank. Die Todgeweihten geben sich allerlei Kurzweil hin: sie schleichen sich heimlich in ein Kino ein, obwohl sie genug Geld für den Eintritt haben; sie springen auf einen Güterzug auf, die Frau versucht es wenigstens; sie schreiben ihre Namen nachts und polizeiwidrig an einen Wasserturm – Tätigkeiten, die ein Gefühl infantiler Angstlust erzeugen. Angst wird künstlich geschaffen. Der Erzspießer Walter Mitty in der Geschichte von James Thurber stellt sich lebensgefährliche Situationen vor und wie er sie meistert.

In den *Big Sky Movies* findet die Handlung am unteren Bildrand statt, darüber wölbt sich der Himmel. In der Schlußszene entschwindet der Held in Richtung Horizont. Oft genug haben wir gesehen, wie sich ein Sheriff den Sheriffstern vom Gewand nestelt und auf die Theke oder den Boden schleudert – das Objekt, auf das er verzichten kann, ehe er die Stadt verläßt. Der ständig wiederholbare Abschied kommt auch in Filmen über die Gegenwart nicht zu kurz. In *Five Easy Pieces* geht es um einen »floater« an der Westküste, der zu abrupten Ortsveränderungen neigt. Er ahnt, warum er das tut: »Ich bleibe in Bewegung nicht weil ich meine Lage zu verbessern hoffe, sondern weil ich weiß, daß sie schlechter wird, wenn ich bleibe.«

In der letzten Szene des Films *Einer flog übers Kuckucksnest* nimmt der Indianerhäuptling das schwerste verfügbare Objekt, bricht sich damit den Weg frei und entweicht in die freundlichen Weiten der amerikanischen Frühzeit.

Jogging, der tägliche Dauerlauf, dient jetzt ebenfalls als ganz brauchbarer Ersatz für frustrierten Bewegungsdrang. Die Beliebtheit von jogging geht quer durch alle Schichten und Altersstufen.* Ein Fachbuch darüber

* Bei einem New Yorker Marathonvolkslauf war ein 60jähriger unter den Teilnehmern. Er hatte eine Herzoperation hinter sich und mit seinem Arzt 10 Dollar gewettet, daß er durchhalten würde.

Frank Blackwell Mayer (1827–1891), Squire Jack Potter, 1858. National Collection of Fine Arts, Smithsonian Institute, Washington, D. C.

stand 1978 auf Platz 1 der Bestsellerliste. Mich hat es kaum noch gewundert, als bald ein Buch mit dem Titel *Beyond Jogging* auf den Markt kam.

C. G. Jung fiel bei einer Amerikareise auf, daß es in amerikanischen Provinzstädten keine Gartenzäune gibt. »Alles scheint Straße zu sein . . .«, schrieb er beklommen. Auf Begrenzungen wird überall dort verzichtet, wo sich einer nicht vor dem Expansionsdrang seiner Mitmenschen schützen muß. Viele Wohnungen und Büros haben keine Türen. Wo es Türen gibt, werden sie gerne offen gelassen, um wengistens die Illusion der Unbegrenztheit zu vermitteln. Ich halte es nicht für einen Zufall, daß das Fließband *(endless band)* in Amerika erfunden wurde.

Der Schaukelstuhl oder *rocking chair* erlaubt Bewegung auf der Stelle. Das Schaukeln in der Wiege kommt einem kindlichen Bedürfnis entgegen, das Schaukeln im Stuhl den regressiven Gelüsten objektschwacher Personen – wie René Spitz bewiesen hat – und vor allem solcher, deren Erziehungssignale nicht eindeutig waren. Auch wir in Europa haben Schaukelstühle, aber nur der Amerikaner legt beim Schaukeln die Füße auf den Tisch, weil er Bodenhaftung vermeidet, wo immer es nur geht. Bezeichnenderweise gingen der oben zitierten schwedischen Rückwanderin, die sich nicht mit den »endlosen, endlosen Prärien« abfinden konnte, besonders die Gentlemen gegen den Strich, die sich mit hochgelegten Beinen in ihren Schaukelstühlen wiegten.

Aus eigener Anschauung kennen wir den amerikanischen Besatzungssoldaten, der sich permanent Bewegung und Bewegungsfreiheit verschafft. Er löst den Krawattenknoten, bewegt die Kiefer mit Kaugummi, legt die Füße auf den Tisch und wippt auf den Stuhlbeinen. Im Stehen stellt er gern ein Bein auf einen Stuhl oder eine Brüstung. Je enger die Lebensumstände, desto verzweifelter fallen diese Gesten aus.

Kürzlich sprach in München ein eher altmodischer Professor von der New Yorker Columbia-Universität. Interessant war die Haltung, in der er am Schluß die Fragen aus dem Auditorium entgegennahm. Ein Stuhl war nicht verfügbar, also stellte er sein Spielbein auf die erste Pultreihe, die knapp einen Meter hoch war. Die Stellung war dem Anschein nach nicht sonderlich bequem. Da sie unbewußt eingenommen wurde, muß sie unserem Gelehrten angenehm gewesen sein. Dies mit einem Hang zum Informellen erklären zu wollen, wäre eine Tautologie. Als ein Pentagonsprecher vor Weihnachten 1972 der Presse die verheerendsten Luftangriffe der Kriegsgeschichte bekanntgab, saß er auf einem Tisch und ließ die Beine baumeln. Die Informalität der Amerikaner wirkt auf den Europäer oft genug deplaziert. Sie kommt aus seelischen Eigenschaften, die dem objektstarken Typus fremd sind.

Kulturen unterscheiden sich hinsichtlich der interpersonellen Distanz, die für angebracht gehalten wird. Die anthropologische Forschung weiß, daß U. S.-Amerikaner mehr persönlichen Raum benötigen, um sich wohl zu fühlen, als etwa Lateinamerikaner oder Araber. Man hat auf experimentellem Wege nachgewiesen, daß dieses erweiterte Raumbedürfnis von der amerikanischen Frau geteilt wird. So wie der Siedler seinen Claim aussteckte, behauptet der moderne Amerikaner seinen Persönlichkeitsraum und vermeidet es, in den Persönlichkeitsraum anderer einzudringen – normalerweise.

Man kann weiterhin sagen, die Amerikaner leiden an Berührungsangst. Der alltäglichen amerikanischen Bazillenfurcht liegt diese Berührungsangst zugrunde. Ich habe Amerikaner beobachtet, die die Türknöpfe öffentlicher Toiletten durch das Futter ihrer Sakkotaschen anfaßten. Amerikaner schütteln sich nur äußerst selten die Hände und geben eine Vorwarnung – *let's shake hands* – wenn sie es tun.

Äußere Distanz und innere Distanziertheit hängen eng zusammen. Gerade die Tatsache, daß Amerikaner binnen 30 Sekunden Freundschaften schließen, sich mit Vornamen anreden und kameradschaftlich auf den Rücken hauen, läßt – weil so übertrieben zur Schau gestellt – auf eine Pose schließen. Aus Dale Carnegies Ratgeberbuch *How to Win Friends and Influence People* haben Generationen gelernt, »wie man sich so verhält, daß die Leute glauben, daß du sie magst« und »wie man Freundschaft schauspielert *(how to act friendship)*«. Andere Menschen sind Stationen auf einem Weg, den man letztlich allein zu gehen hat. »Freundschaft«, fand Thomas Jefferson, »ist bloß ein anderer Name für ein Bündnis mit den Narrheiten und dem Mißgeschick anderer.«

Die Unterhaltung auf amerikanischen Parties ist mehr ein Ablassen von nervöser Energie als eine Konversation, die der gegenseitigen Persönlichkeitsformung dienen könnte. Man sitzt nicht, man steht und zirkuliert, um mehr Leute zu treffen und sich desto leichter von ihnen lösen zu können. Die Amerikaner tun sich deshalb so leicht im Umgang mit anderen, beim Schließen von Bekanntschaften etwa, weil es sehr unwahrscheinlich ist, daß auf die Begegnung ein persönliches *involvement* folgt. Santayana hat die Beziehungen der Yale-Studenten untereinander durchschaut, er schildert sie als »ganz und gar einfach und direkt«. Die Studenten »sind wie Passagiere auf einem Schiff«. Sie wissen, daß im Hafen wieder jeder seine Wege gehen wird. Das zur Zeit grassierende Diskotheken-Fieber bietet die Möglichkeit zum »hectic socializing«. Ein regelmäßiger Besucher dieser Art von Tanz- und Vergnügungslokalen meinte: »Man hat wenig enge Freunde und viele Bekanntschaften, Leute, die man in einer Diskothek trifft, grüßt und an denen man in der Nacht vorüberzieht *(pass in the night)*.«

Die losen sozialen Beziehungen sind eine wichtige Ursache sozialpathologischen Verhaltens im heutigen Amerika. Ich habe mit eigenen Augen gesehen, wie zur Arbeit eilende New Yorker über betrunkene Stadtstreicher hinwegsteigen, wenn diese quer über dem Gehsteig oder vor den Eingängen von Bürogebäuden und Kaufhäusern lagen. Der Soziologe Philip Slater hat den Mut gefunden, die soziale Verwahrlosung der Amerikaner beim Namen zu nennen. Mitmenschen werden als Hindernis, als Belästigung empfunden, deshalb die allseits bemerkbare *avoiding tenden-*

cy. Slater kommt der historischen Erklärung ziemlich nahe. Die Auswanderer sind vor Bedingungen und Zuständen in ihrer Heimat davongelaufen, sagt er, die Folge waren Rastlosigkeit, Entwurzelung und die Tendenz, sich bei jeder neuen Schwierigkeit in ein anderes Gebiet abzusetzen. Als Beispiel bringt Slater die Flucht in die Vorstädte. Als weitere Konsequenz nennt er die Do-it-yourself-Bewegung. Je mehr man sich beruflich spezialisieren mußte oder je eintöniger die Arbeit wurde, desto mehr neue skills wurden entwickelt. Auch Nixon betonte ja stolz, daß die Amerikaner ein Do-it-yourself-Volk seien, was sich unter anderem in der Außenpolitik zeige. Die Analyse des Soziologen Slater greift allerdings ein bißchen zu kurz. Schon vor der Industrialisierung waren an der Frontier die verschiedensten skills vonnöten, und wer alle notwendigen Fertigkeiten beherrschte, aus dem wurde eben ein Selfmademan. Skills sind eine Eigenschaft des objektschwachen Typs. Mit skills überwindet er Hindernisse und strebt nach vorn, setzt sich durch, läßt andere hinter sich. Der Gesellschaft ist die Neigung zur beinahe totalen Unsolidarität nicht gut bekommen. Die *avoiding tendency* wird selbst dann beibehalten, wenn persönliche Machtphantasien und das schnelle Vorwärtsstreben kein innerer Rechtfertigungsgrund mehr sind. In einer Feldforschungsstudie über ein Slumhotel für alte Amerikaner heißt es: »Die vorherrschenden Werte Privatheit und Autonomie verhindern die Bildung tiefer persönlicher oder dauerhafter Beziehungen. Verhaltensweisen, die gegenteilige Auffassungen widerspiegeln, werden mit Reaktionen bedacht, die vom Argwohn über eisige Unnahbarkeit bis zur Alarmstimmung reichen. Wirkliche persönliche Nähe wird weder erwartet noch wird dazu ermutigt, nicht einmal von Mietern, die seit Jahren auf demselben Stockwerk wohnen.« Die Parole heißt »It's everyone for himself.« Die Mieter gestehen ein, daß sie unter ihrer Einsamkeit leiden, aber sie gehen engeren Beziehungen trotzdem aus dem Wege – »these people avoid relationships«.

Neben der Mobilität nach vorn und nach oben ist Angstlust ein Kennzeichen des objektschwachen Typs. Einmal hatte ich einen dreijährigen amerikanischen Jungen zu beaufsichtigen; wir spielten mit einer alten Straßenbaulaterne. Sobald ich sie anzündete, schlug er die Hände vors Gesicht, wandte sich ab und schien große Angst zu haben. Löschte ich die Lampe, verlangte er dringend, sie wieder anzuzünden. Auf meine Frage, ob er das Feuer gern brennen sähe oder ob er sich davor fürchte, gab er eine mir unvergeßliche Antwort: »I like to be afraid of the fire.« Knapper könnte man die Angstlust nicht charakterisieren.

»Look ma – no hands«, sagt das Kind, der Artist lebt danach, und in Amerika ist dieser Ausspruch eines der verbreitetsten *household words*. Bei uns begrüßt man sich mit der Frage: »Was gibt's Neues«, in Amerika hörte ich mehr als einmal »What's new and exciting?« Jetzt ist in Amerika das Fahren auf Achterbahnen zu einer Art Sucht geworden. Es gibt »Experten«, die sich darüber streiten, welcher Art von Todesspirale der Vorzug zu geben sei. Die *Coastermania* fällt in dieselbe Kategorie, wie die Faszination, die das Oktoberfest aufs amerikanische Gemüt ausübt. Sie fällt in dieselbe Kategorie wie der Baustil der Wolkenkratzer und der modernen Hotelbauten, die den Kitzel der Vertikalen nach innen verlegt haben. Es ist ein Himmelsfieber, das dem Bedürfnis des *up and away* willfährt und mit Angstlust einhergeht. Die Angst wird gesucht, überwunden, danach stellt sich ein Gefühl der Größe und Einzigartigkeit wieder ein, das den Amerikanern mit fortschreitender Sozialisierung verloren zu gehen scheint.

Im ausgehenden Mittelalter diente die peinliche Ausarbeitung und Einhaltung von Protokoll und Ritual der Bewältigung der Angst. In der informellen amerikanischen Gesellschaft gibt es diese Form schweratmiger Rituale nicht, eher gibt es einen Zwang zum Informellen. Das Legere ist *de rigueur*. Vielleicht ist dies ein Indiz, wie Objektschwäche und Angstlust zusammenhängen.

Das Spiel an der Börse, der *bull market*, die amerika-spezifischen Glücksspielorte sind Stätten der Angstlust. Die Bereitschaft zum *risquons tout*, damit man mit seinem Einsatz das *big killing* schaffe oder alles verliere, läßt auf eine objektschwache Konstitution schließen. Objektverlust kann verschmerzt werden. Daß die *gambling towns* Reno und Las Vegas gleichzeitig Karikaturen des kapitalistischen Wechselfiebers *und* Scheidungsparadiese sind, ist bezeichnend. Reno hat überdies von allen Gemeinden der USA die geringste Bevölkerungsdichte (23 Einwohner pro Quadratmeile; Las Vegas liegt an zehnter Stelle). Zwischen Gegenständen und Personen, Dollars und Ehepartnern macht das Unterbewußtsein keinen Unterschied. Ein deutscher Autor sagte im 18. Jahrhundert »... die Ehe ist recht dazu gemacht die Einbildungskraft zu beschneiden und uns auf die Erde zu bringen«. Er meinte es durchaus zustimmend, während dem Amerikaner diese Auswirkung der Ehe nicht behagt. Das Flugzeug, das frischgeschiedene Amerikaner aus einem mexikanischen Scheidungs*paradies* zurückfliegt, hat den Ehrennamen Freedom Express.

Ein amerikanischer Student besuchte mich in München und wunderte sich über die Sauberkeit der Straßen. Nur eine Stelle fiel ihm als besonders schmutzig auf, das »Picknick« an der Leopoldstraße. Dort war der Bürgersteig übersät mit Papier und allen Arten von Abfall. Dem Studenten fiel weiter auf, daß es im Picknick Hot Dogs gibt und daß dieses Lokal gerne von Amerikanern aufgesucht wird. Er schämte sich ein bißchen und wir hatten damals beide keine rechte Erklärung zur Hand. Die Amerikaner leiden unter ihrem Müll, sie haben aber trotz hoher Strafandrohung bisher kein Rezept gegen die Straßenverschmutzung finden können. Im 19. Jahrhundert gab ein alteingesessener Frauenbund, die *Daughters of the American Revolution*, ein mehrsprachiges Handbuch für Einwanderer heraus, in dem die Neuankömmlinge aufgefordert werden, Papier und Abfälle nicht auf die Straßen zu werfen. Trotzdem fördert die amerikanische Gesellschaft die unkontrollierte Objektentledigung. Auf Flaschen steht - wie dann auch bei uns - *no deposit, no return* (kein Pfand, keine Rückgabe). Ex und hopp heißt die Parole. Natürlich gibt es rationale wirtschaftliche Gründe für diese Praxis. Es ist »billiger«, neue Flaschen zu füllen als die alten einzusammeln. Dieses Wirtschaftsgebaren ist aber nur möglich, wenn es mit psychologischen Bedürfnissen vereinbar ist. Die Größe des zurückgelassenen Gegenstandes ist dabei ziemlich nebensächlich. In New York werden jährlich über fünfzigtausend Autos von ihren Besitzern auf den Straßen stehengelassen und nie wieder abgeholt. Ist dieses Verhalten eine natürliche Begleiterscheinung der allgemeinen Mobilität? Oder weil wegen dieser ständigen Mobilität keiner den anderen richtig kennt und deshalb soziale Kontrollen nicht zu fürchten braucht? Ursache und Wirkung können nicht so einfach getrennt werden. Die hohe Beweglichkeit, der lose Kontakt zu anderen und das unkomplizierte Aufgeben von Objekten gehören zu ein und demselben Syndrom. Allgemeiner gesprochen: Die kapitalistische Wirtschaftsform verlangt, Objekte, die man produziert und erworben hat, möglichst bald wieder auszurangieren oder zu vernichten. Der Kultursoziologe Richard Sennett spricht hier von *destructive replacement*. Auch da ist die psychologische und kulturelle Grunddisposition wieder eng mit der Art der Wirtschaftsform und den Möglichkeiten ihrer Steuerung verknüpft. Wenn die »Verwestlichung« ihre Grenzen hat, dann sicherlich auch wegen der unterschiedlichen Objektbeziehungen in verschiedenen Kulturen.

DIE FREUNDLICHEN WEITEN UND DER HEROISMUS

Der Steuerknüppel des Piloten, auch *joy stick* genannt, ermöglicht dem Flieger die Bewegung durch freundliche Weiten. Das Fliegen übt auf die Amerikaner eine Faszination aus wie auf kein anderes Volk. Es war und ist ein Bonus für politische Kandidaten, im Krieg Bomberpilot, *airborne* gewesen zu sein und in Form von Bomben Objekte fallen gelassen zu haben. »Bombs away!« jubilierte 1966 eine Bostoner Zeitung nach einem Luftangriff auf Nordvietnam. Schallplatten mit deutscher Militärmusik vom Genre »Jagdgeschwader Richthofen« und »Flieger empor« sind noch in den sechziger Jahren in den Vereinigten Staaten ein Verkaufsschlager gewesen.

Die erste Flugmaschine der Gebrüder Wright von anno 1903 beflügelte die Vorstellungskraft der Amerikaner. Flugangst zu zeigen ist etwas unamerikanisches und wurde zuerst von PanAm in Billigkursen bekämpft. Die Kursteilnehmer werden immer als geheilt entlassen. Der Comic-Held Batman ist die Erfüllung der Flugphantasie. Batman begann als ganz normaler, gewöhnlicher Millionär, heißt es in seiner Entstehungsgeschichte. Dann trainierte er am Reck die Riesenwelle, schwebte an Ringen und auf dem Hochseil, »bis er der großartige Akrobat wurde, als den wir ihn kennen«. Zum Schluß legt er sich ein Kostüm zu und wird zum Fledermausmenschen. Charles Lindbergh führte auf Volksfesten Flugakrobatik vor, ehe er Post- und Atlantikflieger wurde. Er war der beliebteste und möglicherweise repräsentativste Held, den Amerika je gehabt hat. Lindbergh flog nonstop nach Paris, er legte keine Zwischenstation ein, eine wichtige Voraussetzung für seinen Erfolg und für seine Popularität. Wenn etwas nonstop geschieht, hat dies für den objektschwachen Amerikaner Qualität per se. Die zweite Voraussetzung war, daß er alleine flog. Amerikaner wollen einsame Helden, sie bevorzugen den *loner*. »I'll fly alone«, erklärt Walter Mitty; er fühlt sich gerade als Kommandeur eines Bombergeschwaders. John Glenn* wurde populärer als Neil Armstrong, der mit Aldrin und Collins teilen mußte. Der *giant leap forward* war beim Apollo-

* Eines seiner Lieblingslieder vor dem Flug hieß übrigens *Beyond the Reef.*

Flug wichtiger als der wissenschaftliche Nutzen, der Flug berauschender als der Aufenthalt auf dem Mond. »Getting there ist half the fun«, lautet eine amerikanische Devise, und das scheint noch untertrieben zu sein. In dem Moment, als bei späteren Apollo-Flügen die Astronauten ihren Fuß auf die Mondoberfläche setzten, stellten viele Amerikaner ihre Fernsehgeräte ab. Objekte stören nur. Als bei der ersten Mondlandung eine Kamera nicht funktionieren wollte, wurde sie von einem Astronauten mit einem Hammer bearbeitet. Um ein letztesmal Walter Mitty zur Illustration heranzuziehen: Mrs. Mitty kehrt vom Einkaufen zurück, da sagt Walter, halb in der Phantasie, halb in der Wirklichkeit »Things close in«.

Die freundlichen Weiten können natürlich auch unter Wasser liegen. Die Hauptsache ist das Fehlen von Objekten. Das erste Atom-U-Boot, die Nautilus, war völlig autark, benötigte keinerlei fremde Objekte, wie Balint verwundert anmerkte, und konnte unbeschränkt unter Wasser bleiben. Balint stellt die Nautilus dem sowjetischen Atomeisbrecher Arktika gegenüber, der sich auf dem Weg zum Nordpol durch mehrere Meter dickes Eis vorpflügte.

Howard Hughes, der Flieger und Flugzeugbauer, schätzte gleichermaßen Flugzeugfilme und U-Boot-Filme. Seinen Lieblingsfilm *Eisstadion Zebra* soll er mindestens 150mal gesehen haben. Hughes war ein ausgeprägt pathologischer Philobat, ein *lunatic*, ein Mondsüchtiger, wie die Amerikaner sagen. Wie der Fliegende Holländer zog er von Land zu Land. Eine Zeitlang lebte er in der Desert Inn von Las Vegas, im obersten Stockwerk, abgeschieden von der Umwelt, beinahe als hätte er die Welt verlassen. Nur ein paar Vertraute durften ihm nahekommen, er scheute sich vor Menschen wie vor Bakterien. Als er nach langen Jahren einem Friseur gestattete, sich ihm zu nähern, bestand er darauf, daß ein Daumennagel, anderthalb Zentimeter lang, ungeschnitten blieb. »Das ist mein Schraubenzieher«, erklärte er, sein Werkzeug, mit dem er *skill* beweisen konnte, sein symbolisches Objekt, das ihm Autarkie verlieh, wie er meinte. Er starb stilgerecht im Flugzeug.

In einer charakteranalytischen Fallstudie hat der Psychoanalytiker Hermann Argelander einen Patienten beschrieben, den er den »Flieger« nennt. Die Objektbeziehungen dieses Mannes sind gestört. Es überwiegt der »Drang nach Trennung vom Objekt, nach Objektaufgabe und einem eigenartigen Suchen nach Weite«. Der Patient wird mit 1¼ Jahren zu den Großeltern gegeben, als ein Bruder zur Welt kommt. Als Folge wendet er sich früh von den Eltern ab. Die Mutter hat Trennungsangst verursacht, der

Fred Astaire
Up and away – das Grundmotto der amerikanischen Kultur

Sohn will sich neue Enttäuschungen ersparen. Vor neuen Verbindungen schreckt er zurück, obwohl der Wunsch, sich mit der Mutter zu vereinigen, natürlich bestehen bleibt. Er sucht die nutritive Einheit, die mit der Mutter einmal bestanden hat, sei es im Mutterleib oder an der Mutterbrust. Die nutritiven Ziele bleiben erhalten, aber Objekte werden auf der Suche danach vermieden, vielmehr wird die »symbiotische Vereinigung mit einer elementaren Welt gesucht«. Die elementare Welt – das ist das Wasser, die Luft. Der Patient erfährt beim Baden ein hohes Wohlgefühl, ähnlich wie beim Fliegen. Luft und Wasser sind »objektlose« Stoffe, sie stellen (hier weiche ich von Argelander ab) die Harmonie des Foetus im Mutterleib wieder her. Fliegen erfüllt den genannten Patienten »mit großer Befriedigung, besonders wenn ich mit nachtwandlerischer Sicherheit etwas Gefährliches meistern konnte«. Einmal weigert er sich umzukehren, obwohl er mit seinem kleinen Flugzeug die Erdsicht verloren hat. Er hegt Omnipotenzgefühle. Mit 17 erwirbt er den Waffenschein, hat die Pistole stets griffbereit. Sein Lieblingsbuch ist Robinson Crusoe, der autarke Held. Als zweites Hobby betreibt er die Jagd, da wird er »mit der Natur eins«, wie beim Fliegen, das heißt er restauriert die Harmonie, die er verloren hat. In Sachfragen findet er immer eine Lösung. »Nur bei Menschen mache ich Schluß und lasse sie fallen.« Das ozeanische Gefühl, das der Patient genießt, indem er sich elementar mit der Natur vereinigt und alle Objekte hinter sich oder unter sich läßt, dieses ozeanische Gefühl ist suizidträchtig. Der Patient strebt die Körperlosigkeit, die Selbstauflösung an.

Ernest Hemingway blieb hinter seiner Männlichkeitsfassade zeitlebens ein Kind, ein Regressionstypus, voller Angstlust, unfähig zu dauerhaften Objektbeziehungen. Hindernisse werden mit oder ohne Alkohol aus dem Weg geschwemmt, Kudus geschossen, Stiere abgestochen, volle Flaschen geleert, Frauen geschieden. Je stärker er Kind blieb, desto viriler wollte er sich gebärden, bis zum letzten Schuß in den eigenen Mund. Er hatte den starken Todesinstinkt des Philobaten, den Wiederholungszwang, immer wieder neue Verletzungen zu erleiden. Den ewigen Wunsch zu fliehen teilt er mit Mark Twains Huckleberry Finn, dessen Hinabgleiten auf dem Fluß mit Todessehnsucht oder Wiedergeburt verglichen wurde. Wie bekannt, hegte Hemingway tiefe Bewunderung für die Figur des Huck Finn, und die Kindheiten von Mark Twain und Hemingway sind einander nicht unähnlich. Auch Nick Adams ist immer in Bewegung, *riding the rods* wie ein Landstreicher. Ernests Schwester genoß, bis er zwei Jahre alt war, die volle Aufmerksamkeit der Eltern. Bis dahin war er weitgehend selbständig und unabhängig geworden. Die Mutter glaubte bei ihrer Heirat eine musikalische Karriere aufgegeben zu haben, ein Gefühl, das sie ihr Leben lang nicht mehr los ließ. Leicester Hemingway, der jüngere Bruder, berichtete: »Whenever there was a serious emotional crisis she rushed to her room, drew the shades, and declared she had a sick headache.« Beide Eltern versuchten Ernest nach ihren Idealen zu erziehen, die Mutter im musischen Sinne, der Vater, ein passionierter Jäger, legte größeren Wert auf die »outdoor activites«. Ernest lief in seiner Jugend zweimal von zu Hause weg und lebte dann zeitweise als Tramp auf der Landstraße. An seinem 21. Geburtstag schreibt ihm die Mutter, daß er entweder eine geregelte Arbeit annehmen oder sich zu Hause nie mehr sehen lassen soll. »I am greatly relieved to know Ernest has at last gone . . .«, schrieb sie eine Woche später an ihren Mann. Einlenkungsversuche des Vaters blieben bis zu Ernests Verheiratung ergebnislos. In seinem späteren Leben hat er Geburtstagsbriefe der Mutter nicht mehr beantwortet. Zu ihrer Beerdigung fährt er nicht. Über seine Kindheit sprach Hemingway kaum, einmal soll er gesagt haben: »The best schooling for a writer is an unhappy childhood.« Als Hemingways erste Bücher erscheinen, sind seine viktorianisch denkenden Eltern beschämt und schockiert. Der Vater sagte: »I'd rather see him in his grave.« Im Frühjahr 1927 darf der Name Ernest im Hause nicht genannt werden.

Schon der vierjährige Ernest zeigt Verhaltensweisen, die mit Distanz und Ausdauer zu tun haben. An der High School setzt er dieses Verhalten fort. Während der Sommerferien wird er von einer befreundeten Familie eingeladen. Er schläft nicht im Haus, sondern im Zelt, um »domestic entanglements« zu entgehen.

Als junger Mann bewundert er den Boxer Jack Britton, weil der immerzu auf den Zehenspitzen tänzelt (»he kept on his toes«). Ein Philobat ist in der wörtlichen Definition jemand, der gerne auf den Zehenspitzen geht.

Hemingways literarischer Stil reflektiert seine seelische Grundhaltung. Es ist ein Geradeaus-Stil ohne Verästelungen und Komplikationen. Malcolm Cowley meint, Hemingway »schreibt ein Buch wie eine Forschungsexpedition, die sich in unbekanntes Terrain vorwagt. Er kennt das Ziel so ungefähr, aber das Ziel kann sich ändern. Er kennt die Richtung, aber er weiß nicht, wie weit er reisen wird oder was er an einem bestimmten Reisetag finden wird.« Die Erzählperspektive bleibt offen *(open-ended)*, schrieb ein anderer Kritiker. D. H. Lawrence hat die schwachen Objektbeziehungen der Figuren aus Hemingways *In Our Time* erkannt: »One wants to keep oneself loose. Avoid one thing only: getting connected up. Don't get connected up. If you get held by anything, break it. Don't be held. Break it, and get away. Don't get away with the idea of getting somewhere else. Just get away, for the sake of getting away. Beat it!« In den *Grünen Hügeln Afrikas* heißt ein Kapitel »Pursuit *as* Happiness«. Dort wird Amerika geschildert als ein Land, das einmal gut war, jetzt aber eine »bloody mess« ist. Deswegen geht ein Amerikaner, der etwas auf sich hält, irgendwo anders hin, »as we have always gone«. Hemingway, kann man hinzufügen, veranstaltete seine *bloody mess* in Afrika. Wesentlich ist die Absonderung. Die Helden schließen entweder einen separaten Frieden oder fangen einen separaten Krieg an. Amerikanische Expatriierte in Europa schlagen – mit Ausnahmen wie T. S. Eliot – keine neuen Wurzeln. Hemingways Rastlosigkeit war fast sprichwörtlich. »Er streifte durch vier Kontinente *(he roamed)*... auf der Suche nach Aufregung und neuen Sensationen und auch, um nicht an einem Ort gefangen zu sein.« Als er nach Amerika zurückging, lebte er in Key West, der äußersten Spitze des nordamerikanischen Kontinents, seinem »extreme, fugitive tip«.

Skill spielte eine zentrale Rolle im Leben Hemingways und dem seiner Helden. »To do things properly«, war sein Ehrgeiz. Fische fangen, Stiere abstechen, Großwild schießen, er konnte Wochen und Monate darauf verwenden, die exakte Beschreibung technischer Vorgänge zu liefern, nachdem er sie selbst beobachtet und erlernt hatte. Kunstfertigkeit verleiht Souveränität.

Der Rausch ist eine Ersatzhandlung für blockierten Unternehmungsgeist. Ortswechsel galt schon in der deutschen Klassik als eine »Arznei der Gemütskranken«. Entwöhnungswillige Alkoholiker ziehen im heutigen Amerika von Ort zu Ort, von Staat zu Staat, in der Hoffnung, nüchtern zu werden oder nüchtern zu bleiben. Sie nennen das die geographische Kur. Wo die freundlichen Weiten versperrt sind, wird nach künstlichen Schlupflöchern gesucht. Rauschgifte sind ein Mittel, sich auf einen Trip zu begeben, ohne sich von der Stelle zu rühren. Bernward Vesper beschreibt in seiner Autobiographie *Die Reise*, wie er sich fühlte, als ein Trip lief, »wie das Segelflugzeug im Gegenwind lautlos, mit ungeheurer Geschwindigkeit!« Bewegung und Angstlust gehen Hand in Hand, die Spannung wird biochemisch gesteuert. Der Rausch ist immer auch eine Suche nach kindlichen Glückszuständen. Bei langjährigen Marihuanarauchern – dies nebenbei – ist eine Regression zu einem infantileren Zustand beobachtet worden.

Hemingway suchte – berauscht oder nüchtern – nach *elation*. Das schönste Hochgefühl stellte sich bei ihm dann ein, wenn er etwas umgebracht, aus dem Weg geräumt hatte und wenn er unbeschädigt daraus hervorgegangen war *(came out of it)*. Eine Steigerung dieses Hochgefühls gibt es noch: wenn etwas ohne alle Objekte, ohne den Gebrauch der Hände gar vollbracht wurde. Hemingway schrieb mit 16 über Cicero: »Cicero ist eine Flasche. Ich könnte freihändig besseres Zeug schreiben.«

Zwischen den Figuren Hemingways entstehen keine echten Freundschaften, außer vielleicht zwischen Frederick Henry und Rinaldi und zwischen Jack Barnes und Bill Gordon, »aber selbst da bewegen sich die beiden Charaktere auf ihren selbstangetriebenen Bahnen und teilen wenig mehr als den Wein und intelligente Konversation miteinander«. Die besten Freunde des alten Mannes Santiago sind die fliegenden Fische und die Sterne, die als seine »distant friends« vorgestellt werden. Hemingways Meisterwerk steht in der Literaturgeschichte als offene Allegorie da, deren Bedeutung sich dem Zugriff entzieht. Die Novelle ist auf der untersten Ebene erneut eine Geschichte vom *skill* eines einzelnen Mannes, seiner Fertigkeit, widrigen Umständen zu trotzen. Santiago muß weit hinausfahren, *far out*, er kreuzt jenseits der Lichter von Havanna und befindet sich schließlich jenseits aller Menschen dieser Welt. »Nach seiner Wahl wäre er weit draußen«, heißt es über den großen Fisch, »jenseits aller Schlingen und Fallen und Tücken, in dem tiefen, dunklen Wasser geblieben. Meine Wahl war, dorthin zu fahren und ihn zu finden, ich und kein anderer Mensch.« Santiago hängt während des Fangs Flugphantasien nach. »Ich würde sehr gern langsam zweihundert Faden hoch fliegen und die Fische von oben sehen.« Er fängt den Fisch, verliert ihn wieder, empfindet aber kein echtes Verlustgefühl. Die Jagd war wichtiger als die Beute. Die irdische Belohnung ist Nebensache. Der Schluß der Novelle deutet auf eine Christusallegorie hin. Santiago zeigt Züge der Selbstaufopferung.

Hemingways Leben ist ein Leben auf der Suche nach Angstlust. Schießen, Töten, Fliegen, Autorasen. Seine Bücher hielt er dann für gut, wenn seine Frau beim Lesen eine Gänsehaut bekam. Beim Stierkampf konnte er nicht nahe genug an der Barrera sein. Bei Luftangriffen blieb er selbstmörderisch sitzen, während andere in Deckung gingen. Vom Nada umgeben zu sein, von der totalen Objektlosigkeit, erzeugte Angst und Lust in ihm. Sein Suizid war das Ende einer folgerichtigen Entwicklung. In seiner Nobelpreisrede hatte es geheißen, ein Schriftsteller müsse »far out« gehen, dorthin, wo niemand ihm helfen kann.

Daß zwischen Hemingway und John F. Kennedy eine erstaunliche Affinität bestand, ist den Literaturhistorikern nicht entgangen. Beide waren entschlossen »to go to the top«, beide haben ihr Ziel erreicht, beide bewunderten persönlichen Mut über alles, beide waren hochgradig anfällig für Krankheiten und Verletzungen. Kennedy übernahm Hemingways Definition von Mut – *grace under pressure*. Der Präsident und der Schriftsteller haben sich gegenseitig bewundert. Einer der ersten Ausdrücke, die das Kind Ernest Hemingway meisterte, war »afraid of nothing«. Sich vor nichts zu fürchten, das war auch das vorherrschende Erziehungsziel im Hause Kennedy. John Kennedy schrieb ein Buch *Profiles of Courage*. Darin geht es um den Mut an sich, nicht um etwaige Zwecke, die durch mutiges Verhalten erreicht werden sollen.

Malcolm Cowley schrieb über Hemingways Freundeskreis, er bestünde aus »Menschen, die die Gefahr nicht scheuen – weshalb auch die Sterblichkeit unter ihnen außerordentlich groß ist«. Der Kennedy-Clan ist bekannt für seine zahlreichen Unglücks- und unzeitigen Todesfälle. Kennedy hatte den Bewegungstrieb des objektschwachen Typs. Der Schaukelstuhl war eines seiner wichtigsten Requisiten. Seine Politik der New Frontier verhieß Bewegung, das Mondflugprogramm ebenso. Im Wahlkampf erklärte Kennedy, es kämen schlimme Zeiten auf die Amerikaner zu. Er spielte mit der Angst der Wähler und tat als Präsident einiges, das Angstgefühl am Leben zu erhalten. Denn wo ein Dulles nur von *brinkmanship* geredet hatte, ging Kennedy wirklich *to the brink*, bis an den Rand des Abgrunds – am deutlichsten in der Kubakrise.

In Kennedys Vaterhaus hatte ein Wettbewerbsklima geherrscht, das bis zur Selbstaufgabe und Selbstzerstörung reichte. Die Söhne standen unter dem Zwang, den Vater zu rechtfertigen, hinauszugehen in die Welt und der angelsächsischen Crème Bostons zu zeigen, was ein katholischer Ire zu leisten vermag. Das Männliche wurde überbetont, alles hatte mit *vigor* zu geschehen, im Sport, in der Politik, in der Liebe zählte nur der erste Platz.

Der älteste Bruder Joe starb einen selbstprovozierten Heldentod. John zeigte seit seiner Kindheit suizidale Verhaltensweisen, beim Spielen, als Student beim Autofahren, als Kommandant eines Kanonenboots im Krieg. Wie Hemingway mutete er seinem Körper mehr zu, als er vertragen konnte. Trotz Lebensgefahr bestand er auf einer einmaligen Rückenoperation, die in mehreren Schritten sicherer hätte ausgeführt werden können. An seinem Todestag bestand er darauf, mit offenem Wagenverdeck durch

Dallas zu fahren, obwohl ihn Agenten vor der attentatsträchtigen Stimmung in der Stadt gewarnt hatten.

Kennedys Lieblingsgedicht hieß »I have a rendez-vous with death«. Sein suizidales Verhalten beruhte auf dem geheimen Wunsch, sich einer Passivität hinzugeben, die ihm der Vater nie erlaubt, Ruhe und Geborgenheit zu finden, die ihm eine kühle, distanzierende Mutter stets verweigert hatte.*

Der Film- und Volksheld James Dean hatte schwierige, von Angstlust bestimmte Objektbeziehungen. Oft saß er stundenlang vor dem Haus eines Freundes und wartete, bis Besucher gegangen waren, ehe er selbst eintrat. Er spielte mit Henkerschlingen und raste mit Autos, forderte seinen Tod beinahe kultisch heraus. Als Schauspieler hat man ihn »superrealistisch« genannt, »irgendwie über der Welt stehend«, ein Mensch, der einfach vergöttert werden mußte.

Man hat auf die Ähnlichkeit zwischen Carter und John F. Kennedy hingewiesen, nicht nur auf die äußerliche. Tatsächlich ist Carter so etwas wie ein Kennedy manqué, er liebt das körperliche Risiko, den *test of skill*, er hatte den Ehrgeiz, gegen alle Wahrscheinlichkeiten ganz nach oben zu gelangen. Seine Heimat, Sumter County mit seinen objektlosen Weiten – so ein geopsychologisch orientierter Kritiker – impfte ihm eine Rastlosigkeit ein, die nicht »Flucht von« sondern »Flucht zu« etwas sei, Bewegung und Drang nach vorn als Selbstzweck, »a blind habit of the heart« wie ein Autor schrieb. Die Selbstmordrate im Sumter County ist überdurchschnittlich hoch.

Carter kann Niederlagen kaum verkraften; erleidet er eine, geht er durch die Katharsis der Wiedergeburt. Er fühlt sich nur lebendig, solange er sich »in Spannung größerer Erwartung« befindet – *suspense*, das ist eine Form der Angstlust. Rosalyn Carter steht ihm zur Seite; man hat sie mit einer Pioniersfrau aus einem Big Sky Movie verglichen. Die erste ernsthafte Biographie Carters trägt den Titel *Dasher*. Man könnte sagen, daß Carter als U-Boot-Offizier in den Tiefen des Meeres seine Erfahrung der objektlosen Weiten um Plains wiederholt hat, ein maritimer Plainsman auf der alten Suche nach Transzendenz.

---

* In den Objektbeziehungen ähnelte Harvey Oswald seinem Opfer, nur eben auf einer anderen sozialen Stufe. Als Junge war er auf Distanz zu seinen Mitschülern bedacht; er floh die Gesellschaft von anderen, zeigte Frau und Familie gegenüber Indifferenz, konnte nirgendwo glücklich sein. Sein liebster Freund war sein Gewehr, die Waffe verlieh ihm das Gefühl, über anderen zu stehen. Seine Großmannssucht, seine Machtphantasien blieben wegen seiner sozialen Herkunft unerfüllt. Als Folge entfernte er sich immer weiter von der Wirklichkeit, und schließlich ließ er sich zu einer herostratischen Tat hinreißen.

Carter hatte eine distanzierende Mutter. Sie überließ Jimmy viel sich selbst oder den Ammen; aufgrund ihres Berufes war sie nicht viel zu Hause. In hohem Alter ging sie nach Indien. Der Sohn hat das *flight-from-home*-Modell von seiner Mutter übernommen. Insofern ist Carter ein modaler Amerikaner. Aber er ist auch Südstaatler. Der Süden versuchte – zumindest in der Oberschicht – stärkere Objektbeziehungen zu pflegen als der Norden oder Westen. Carters Wahl könnte einen langsamen Wechsel in den kulturell verlangten Objektbeziehungen signalisieren. Die Erdferne der Amerikaner, wie sie Graf Keyserling beobachtete, ihre Wurzellosigkeit, der Nomadismus der Pioniere, die Babbittsche Geschichtslosigkeit – das alles gilt in erster Linie für das Gebiet nördlich der Mason-Dixon-Linie und den Nordstaatler. »Wird nun seine Bewegung überhaupt zum Stehen gebracht«, schrieb Keyserling 1930, »ist er als Typus erledigt.«

Könnten diese Betrachtungen falsch, die Beispiele voreingenommen ausgewählt, das Material nicht repräsentativ sein? Kann es nicht sein, daß der Auswanderer die Absicht verfolgte, nach Amerika zu gehen, um der Desintegration seiner Familie in der europäischen Not zu entgehen? Im Brief einer britischen Mutter ist mir dieses Motiv tatsächlich begegnet. Typischer, häufiger ist jedoch, daß sich die Frauen gegen die Auswanderung stemmten, wenig Neigung zeigten, die Mobilität in Amerika fortzusetzen und das Auseinanderbrechen der Familiengemeinschaft im neuen Land bitter beklagten.

Ist nun Amerika nicht das Land der *joiners*, der Vereinsmeier, Freimaurer, Golfclubs, Sängerbünde und Kukluxklaner? Zeugt das nicht von starken Objektbeziehungen? Ich denke, es handelt sich um multiple Vereinsmeierei. Der Amerikaner gehört in der Regel mehreren Vereinen an; die Vereinszugehörigkeit hat eine andere Qualität als die des Deutschen etwa, der nur an *eine* Gruppe denkt, wenn er »mein Verein« sagt. Die Bindungen an den Verein oder die Gruppe bleiben in Amerika oberflächlich, Bruderschaft wird zwar demonstriert, das Gemeinschaftsleben hat jedoch, wie Sinclair Lewis meinte, etwas Pseudoenthusiastisches an sich. 200 Millionen separate Egos versichern sich, wie sehr sie sich lieben, wie sehr sie zusammengehören, wie gemeinsam und teuer der Grund ist, auf dem sie stehen. An der Übertreibung erkennt man, daß es sich um eine Reaktionsbildung handelt. »I never met a man I didn't like«, sagte Will Rogers. Der Satz wird viel zitiert und läßt auf unterdrückte Aggression schließen. Jedermann in Amerika ist »the nicest person on earth« oder »the sweetest person in the world«. Tut dieser Mensch etwas, was den anderen ein wenig irritiert, gilt er unvermittelt als der größte *sonofabitch* aller Zeiten.

In Amerika wird das Verbum *to love* inflationär gebraucht. I love hamburgers, football, we loye you, Mayor Daley. Der objektschwache Typ stellt Objektbeziehungen fast gewaltsam her, eine Reaktionsbildung auf seine Bindungslosigkeit. Die hyperaktive Geselligkeit der Amerikaner täuscht oft darüber hinweg, daß die Bindungen lose, befristet und im Grund egoistisch bleiben. Das hektische Sammeln von Freunden zeugt von der

Einsamkeit, aber auch von dem inneren Wunsch, unabhängig zu sein, nicht *involved* zu werden, mit fremden Problemen nichts zu tun haben.

Gibt es im europäischen Kulturkreis nicht ebenso deutliche Anzeichen für schwache Objektbeziehungen? In der germanischen Welt war von zentraler – magischer und wirklicher – Bedeutung der Sprung, zum Beispiel über drei, vier oder gar sechs Pferde. Ich halte es für möglich, daß die Germanen ursprünglich Philobaten waren, deren Objektbeziehungen enger geworden sind im Lauf der Jahrhunderte, so wie die der Amerikaner in Zukunft möglicherweise enger werden. Die Zeit der Völkerwanderung und danach wäre ein Testfall für Behauptungen wie diese.

Hat aber die europäische Philosophie einen transzendentalen Zug, selbst da, wo sie nicht theologisch bestimmt ist, wie in Jaspers' Grenzsituation oder Heideggers Sein zum Tode? Das ist sicher wahr, nur blieben diese Vorstellungen in Europa Theorie, in Amerika sind sie ohne umfassende Theorie gelebtes Leben. Sicher gibt es Ausnahmen. Bei Saint-Exupéry heißt es an einer Stelle: »Er war frei, unendlich frei, so frei, daß er den Boden nicht mehr spürte. Er war frei vom Gewicht menschlicher Beziehungen, die die Bewegung hindern, jenen Tränen, jenen Abschieden, jenen Vorwürfen, jenen Freuden ... jenen zahllosen Fesseln, die ihn an andere binden und ihn schwer machen.« Saint-Exupéry war Flieger. Flieger sind im allgemeinen Philobaten. Ich habe versucht zu zeigen, wie sehr der Charakter des modalen Amerikaners und der seiner Repräsentanten dem Charakter eines Fliegers ähnelt. Daß es diesen Typus auch in Europa gibt, sagt nichts über die kollektive Psychologie der Europäer aus.

Im Werk Hermann Hesses gibt es eine Anzahl philobatischer Elemente. Sobald das Leiden unerträglich wird, heißt es in der *Morgenlandfahrt*, strebt der Mensch nach vorn, saugt er die Welt in seine Seele ein, koste es, was es wolle. Dabei ist das »Morgenland« nicht nur etwas Geographisches, es ist das »Überall und Nirgends«, das »Einswerden aller Zeiten«. Reisen kann erträglicher sein als Stillstehen, eine Erkenntnis, die in einem von Hesses etwas dümmlicheren Versen ihren Niederschlag gefunden hat: »Leichter fürwahr ist alle Wanderqual / Leichter als Frieden finden im Heimattal.« Kein Wunder, daß Hesse unter amerikanischen Lesern so übermäßig großen Anklang gefunden hat.

Wenn in Europa auch schwache Objektbeziehungen vorkommen und in Amerika starke, so ist dies kein Beweis für Ambivalenz, sondern für psychologische Dialektik. In der Psychologie gilt dasselbe wie in der Grammatik: doppelte Verneinung ist verstärkte Bejahung. So wie ein großer Pazifist ein großer Krieger, ein großer Revolutionär ein großer Reaktionär ist, so ist der objektschwache Typ mit einer geheimen Sehnsucht nach Objektnähe ausgestattet. Der amerikanische Superpatriotismus, der Drang nach dem Westen, die Hinwendung zum Orient, von der Missionstätigkeit in China bis zur Verherrlichung des Zen, die Abkehr von Europa – das alles kann selbstverständlich als sublimiertes Heimweh ausgelegt werden. Doch ambivalent ist es nicht.

Wichtig sind die vorherrschenden Merkmale. Demnach stellen sich die Objektbeziehungen der Amerikaner als schwach dar. Als John Adams eine katholische Messe miterlebte – in Philadelphia – fragte er sich fasziniert, wie es Luther je gelungen war, diesen Zauber zu brechen. Doch die Protestanten haben sich von der katholischen Kirche gelöst und die USA sind auf die protestantische Tradition eingeschworen.

Die Amerikaner, könnte man einwenden, hängen an vertrauten Dingen. Da sind die alten Tintenfässer in den Senatsbänken, die Kuckucksuhren aus dem Urlaub, da ist sogar die zwei Jahrhunderte alte, unzeitgemäße Verfassung. Tintenfässer, Kuckucksuhren und dergleichen können als sentimentale Abweichungen von der psychologischen Grundstruktur gelten. Die Verfassung ist erstens ein papierenes Dokument, dessen wichtigsten Aussagen von Generation zu Generation eine andere Bedeutung gegeben wurde. Zweitens sagt man sich in der amerikanischen Politik: wenn wir die Verfassung nicht wenigstens pro forma gelten lassen, droht die ganze Gesellschaft auseinanderzubrechen.

Nixon sagte in seinen Wahlreden wie eine Drehleier »There is no ground more important than the ground we stand on...«, bewegte sich aber fortgesetzt zwischen seinen drei Weißen Häusern hin und her, war extrem mobil, ein Anhänger der exquisiten Agonie, wie er sich ausdrückte, und ein Mensch, der sich nirgendwo zu Hause fühlte. Als er sein vermeintlich letztes Ziel, das Weiße Haus endlich erreicht hatte, verlegte er seine Amtsräume außerhalb des Weißen Hauses, um sein erreichtes Ziel wieder vor sich zu haben. Das *United We Stand* ist eine leere Formel, weil die Handlung der Proklamation widerspricht.

Home, hometown, homemade, homemaker sind magische Worte in der amerikanischen Gesellschaft. Sie haben Amulettcharakter, wie jemand richtig erkannt hat, Amulettcharakter wie die Tintenfässer und die Kuckucksuhren aus dem Schwarzwald, das dialektische Gegenstück zur allgemeinen Aushäusigkeit. Statt Ortsgebundenheit herrscht bei aller Sentimentalität gegenüber dem Heimatstaat oder dem Heimatort die Lebensregel aus Frontierzeiten vor: »home is where you hang your hat«. Rastlosigkeit und Seßhaftigkeit sind dialektisch, nicht ambivalent. Ambivalenz klingt nach Gleichwertigkeit, Unentschiedenheit. Die Rastlosigkeit herrscht kulturell vor. Ich stelle mir einen Amerikaner vor, der die Beine auf den Tisch legt und behauptet, er sei »down to earth«. Sein Körper straft seine Worte Lügen.

Ändern sich die Objektbeziehungen der Amerikaner im Laufe der Generationen wirklich? Man hat auf die unterschiedlichen Eigenschaften der Lost Generation und der Beat Generation verwiesen. In den Objektbeziehungen unterscheiden sich diese beiden Gruppierungen allerdings nicht. Die Bewegung bleibt einmal mehr Selbstzweck, für Hemingway wie für Kerouac. Unterwegs zu sein ist die einzige und einzig edle Funktion des Lebens, heißt es in *On the Road*. In Bewegung zu bleiben gehört ebenfalls zum Credo der Hippie Generation, doch die kinetische Energie scheint schwächer geworden und in der Einstellung zu Distanz und Perspektive trat etwas Niedagewesenes auf. Der 1948 geborene James Kunen, der die Demonstrationen an der Columbia-Universität miterlebte und später ein Buch darüber verfaßte, zeichnete als 18jähriger in seinem Tagebuch die Gefühle auf, die er bei einer Bergtour verspürte. Als er den Gipfel erreicht hatte, blieben zu seiner eigenen Überraschung majestätische Empfindungen aus. Die Vogelperspektive fand er »gelinde amüsant«, aber nicht amüsant genug, ihn vor dem Einschlafen zu bewahren. Bei Bob Dylan gibt es zumindest Zweifel am Sinn endloser Mobilität – how many roads must a man walk down? Cat Stevens kommt in seinem Lied »On the Road to find out« zunächst dem mobilen Impuls nach: » . . . I left my happy home to see what I could find out . . . I left my folk and friends . . . I hit the rowdie road . . .«. Aber dann kommt der Umschwung. Er entsagt dem Drang nach vorn und glaubt »the answer lies within«. In dem Film *Easy Rider*, einer philobatischen Tour de force, steht am Schluß die Ernüchterung: »We've blown it, we've lost it.« Tom Lehrer macht sich in einem Lied Gedanken über den Abschuß von Raketen und Satelliten und fragt: »Once they are up who cares where they come down?« – »That's not my department«, erwidert Wernher von Braun, der damit die alte, objektschwache Haltung vertritt.

Das Erstarken der Ahnenforschung in den letzten Jahrzehnten ist ein Indiz, daß die Amerikaner stärker als zuvor nach dem Woher und dem Sinn des Wohin fragen. Dasselbe gilt für die Fernsehserie *Roots* und den Film *Alice's Restaurant* worin nach einem neuen Familiensinn und neuen Wurzeln gesucht wird. Saul Bellows *Dangling Man* war einer der ersten gewesen, der sehr unter seinem freischwebenden Zustand gelitten hat und das zugab. Am Schluß ruft er aus: »Long live regimentation«.

In der Baukunst gibt es vereinzelte Beispiele für eine Neuorientierung. Der Architekt Philip Johnson baute früher seine berühmten Glashäuser, die ungehinderte Sicht nach allen Seiten erlaubten. Kürzlich hat er sich ein Studio zum Eigengebrauch errichtet, das nur ein Fenster hat und an ein mittelalterliches Burgverlies erinnert. Das hochaufragende World Trade Center auf Manhattan wurde von vielen bereits als unpassend und anachronistisch empfunden. Immerhin sind es schon zwei Türme, die da hochgezogen wurden.

»You can't go home again«, hieß es bei Thomas Wolfe. Die heutige Situation in Wolfes Heimatstaat North Carolina sieht anders aus. Erstens ist die Neigung, den Staat zu verlassen, bei jungen Leuten geringer geworden. Zweitens kehren viele nach ihrer Ausbildungszeit wieder heim. Überall im Land wird die Tendenz beobachtet, daß leitende Angestellte jüngeren Alters eine Versetzung ablehnen, die das Familienleben beeinträchtigen würde, selbst wenn sie dabei auf eine Beförderung verzichten müssen. Einige amerikanische Betriebe gehen nun vom Prinzip des *hire & fire* ab und streben nach dem Vorbild großer deutscher* und japanischer Firmen eine Langzeitbeschäftigung der Arbeitnehmer an. Als Garantie für Qualität und Exporterfolg wird aufgrund soziologischer Erhebungen die enge Bindung an den Betrieb angegeben, nicht mehr nur die technische Fertigkeit beliebig auswechselbarer Personen.

Daß die Zahl der Drive-in-Gaststätten und Drive-in-Kinos in den letzten Jahren drastisch abgenommen hat, könnte ein weiteres Zeichen für stärker werdende Objektbeziehungen sein.

Man sollte diese Anzeichen nicht überbewerten. Eine Zeitlang sah es so aus, als würden die Amerikaner ihre Städte wiederentdecken und aus den auseinandergewehten Vorstädten in die Stadtkerne zurückziehen. *Regentrification* nannte man dieses Phänomen. Offenbar war es nicht weit damit her. Die großen Städte verlieren weiterhin Einwohner; in den Vorstädten ist eher die Tendenz erkennbar, immer weiter nach draußen zu ziehen. Die Amerikaner haben eine Vorliebe für *low-density-living*, die sich innerhalb einer Generation nicht verliert.

Betrachtet man den Nomadismus in Südkalifornien oder die Gewalttätigkeiten in Harlem, dann ist das kommunale Leben in den Vereinigten

---

* Siemens beschäftigt 50% seiner Ingenieure auf Lebenszeit.

Ein angestammtes Verhaltensmuster ...

Saul Steinberg
... gerät unter beengten Lebensumständen zur Karikatur.

Staaten am Tiefpunkt angelangt. Wenn das Land einmal knapp wird, hatte Jefferson prophezeit, und die Menschen in den Städten aufeinandergestapelt werden, fressen sie sich gegenseitig auf. Walt Whitman hatte vor der Zeit gewarnt, da die »ozeanische Energie« seiner Landsleute keine Erfüllung mehr findet und die Dinge dazu tendieren, in sich selber zu verharren. Angstlust wird heute künstlich erzeugt, sei es in psychiatrischen Behandlungsformen, sei es in der Automobilwerbung. Ein Werbeslogan der Kraftfahrzeugindustrie lautet »When the going gets tough, the tough get going« – sind keine natürlichen Gefahren da, wartet man wenigstens, bis das Wetter schlecht wird. Anders gesagt, der objektschwache Typus findet kein echtes Betätigungsfeld mehr vor. Händeringend forderte ein ehemaliger Minister »wir müssen Wege finden, die Energien unseres Volkes freizusetzen«. Ein grundsätzliches Dilemma der USA besteht darin, daß nach wie vor auf objektschwache Eigenschaften gesetzt wird, wo die Verhältnisse Objektstärke verlangen. Wo die geographischen und sozialen Ventile fehlen, wo die »avoiding tendency« frustriert wird, geraten die Individuen aneinander. Amerika läuft momentan Gefahr, zu einer »Gesellschaft von Privatklägern« zu werden, die sich gegenseitig mit Schadenersatzklagen überziehen, hinter denen sowohl berechtigte Interessen, Profitgier, aber auch die Unzufriedenheit mit der sozialen Nähe des anderen stehen.

Jeder Mensch ist gleichzeitig objektstark und objektschwach, genauso wie er Esser und Verdauer, Sadist und Masochist ist. Nur, es ging mir hier um die ausschlaggebenden Instanzen und wie sie den Nationalcharakter geformt haben. Und da herrscht bei den Amerikanern traditionell die Objektschwäche vor. Der Gegenmythos, aus Amerika den Garten der Welt zu machen, diesen Mythos gab es auch. Er kam nie recht zum Tragen. Die USA sind heute eines der unwirtlichsten Länder der Welt. Grenzenlos ist das Ausmaß der Verwahrlosung in den Städten. Die Häuser zwischen Kapitol und Weißem Haus müssen vor ausländischen Staatsbesuchern versteckt werden. Ein Garten ist Amerika nur dort geworden, wo keine, wenige oder nur sehr reiche Menschen leben.

Die Amerikaner stehen vor der Aufgabe, ihre Objektbeziehungen, die in der Frontiergesellschaft noch ganz nützlich gewesen sein mögen, neu auszutarieren. Das geht nicht über Nacht. Die Europäisierung Amerikas, von der man hin und wieder hört, hat mit Europa nicht viel zu tun. Es ist der Übergang von schwachen zu stärkeren Objektbeziehungen, ein langer und für die Amerikaner mühsamer Prozeß. Das Umgekehrte, die Amerikanisierung Europas und der Welt, ist der Übergang von starken zu schwächeren Objektbeziehungen, der Übergang vom Beständigen zum Disponiblen, vom Kunsthandwerk zum Plastikramsch. Man kennt diese Phänomene, hat sie aber bisher nur oberflächlich zu erklären gewußt, etwa mit dem Profitdenken. Der Psychohistoriker tut nichts anderes, als bekannte Phänomene neu zu überprüfen und zu interpretieren und nach Ursachen zu suchen, die zurückreichen bis zu den ersten Lebensjahren, zur Geburt oder zur Zeit im Mutterleib eines Menschen. Die Psychoanalyse neigt gewiß dazu, monokausal oder allzu reduzierend vorzugehen. Aber es erschien mir nötig, die amerikanische Kultur und ihre europäischen Ursprünge aus diesem Blickwinkel zu betrachten, um einmal aus den alten historischen und soziologischen Fahrwassern herauszukommen.

DAS OZEANISCHE GEFÜHL

Der griechische Geograph Strabo hatte eine neue, bisher unbekannte Welt erahnt. Allerdings sei es nicht Aufgabe des Geographen, sich mit dem Unbekannten auseinanderzusetzen. Es brauchte einen anderen Typ, einen autodidaktischen und erfahrungshungrigen Navigator, um Amerika zu finden. Im Buch Esra hatte Kolumbus von einem mächtigen Königreich »jenseits des Wassers« gelesen (Esra, 4:20). Jetzt wollte er, als »Mann des Auges«, selbst sehen, was andere nur phantasierten. Die Forschung hat dem Genueser in spanischen Diensten viele Eigenschaften zugeschrieben, eine besaß er nicht: *querencia*, das ist der Heimattrieb, die Ortsverbundenheit und der Seelenfriede, der das Bewußtsein verleiht, einen festen Platz auf der Erde zu haben. Äußere Rastlosigkeit und innere Unzufriedenheit gehören zum kolumbianischen Erbe. Es ist kein Zufall, daß Kolumbus von den Yankees mehr gefeiert wird als von den Latinos.

Das Vordringen in unerforschte Räume ist der Grundakkord der nordamerikanischen Geschichte. »Wir sind die Pioniere der Welt«, heißt es in Herman Melvilles Seefahrerroman *White Jacket* (1850), »die Vorhut auf dem Weg durch die Wildnis des Unerprobten ...« Der amerikanische Volksheld ist dem Fortschritt verpflichtet, das nationale Selbstverständnis verlangt es, mit der Tradition zu brechen und einen neuen Anfang zu wagen. Der als »Mister America« apostrophierte Philosoph Ralph Waldo Emerson sah die vornehmste Aufgabe seiner Nation in der Befreiung von unnötigem Ballast, der Beseitigung von Königtum und Priesterschaft, der Abschaffung von Kasten und Monopolen. Weg mit den Galgen, den verfluchten Gesetzbüchern.

Bewegung wurde in der amerikanischen Kultur zu einem Wert an sich. »Es ist besser, daß dieses Land die Segel setzt, anstatt still im Hafen zu liegen«, erklärte John F. Kennedy, der seine Landsleute inspirierte wie kaum ein anderer Präsident. Getrude Stein hat einmal das Englisch der Engländer als »ruhig«, das der Amerikaner als »bewegt« beschrieben. Die Evidenz für diesen markanten Unterschied ist überwältigend. *Come on* lautet ein sehr amerikanischer Imperativ. In der politischen Rhetorik beschwört der Ausdruck *let us blaze new trails* die Frontiervergangenheit. *To be carried away* ist die Sehnsucht jedes besseren Schlagersängers, und für den vollendeten Liebesakt gibt es die Wendung *to go all the way.* Robert Lowell, seit den 1960er Jahren *der* amerikanische Dichter, war als extremer Philobat dem Prinzip der Bewegung verfallen, der Suche nach freien Räumen und dem, was man in der Psychoanalyse das ozeanische Gefühl genannt hat:

Brother, my heart
Races for searoom

Menschen mit schwachen Objektbeziehungen unterhalten eine unverlierbare Sehnsucht nach Zonen, die jenseits des Bekannten liegen. Der letzte Barsortimentskatalog des amerikanischen Buchhandels enthält zwischen 700 und 800 Titel, die mit »Beyond« anfangen, darunter

Beyond Armageddon
Beyond Aids
Beyond Baby Fat
Beyond the Best Interests of the Child
Beyond God the Father
Beyond Knoche's Law
Beyond Reagan
Beyond Reason
Beyond Star Wars
Beyond Tacos
Beyond the Occult …

Der Philobat arbeitet mit Eifer daran, Distanz zu gewinnen und enge Kontakte zu meiden. Er hat nicht im Sinn, sich mit irgendwem, irgendwas zu tief einzulassen, wenn überhaupt, dann per *remote control.* Nach dem Challenger-Unglück von 1986 erklärte der amtierende Präsident Ronald Reagan, die Tragödie würde die Amerikaner nur darin bestärken, den alten Traum zu verwirklichen und zu den Sternen »and beyond« vorzustoßen. »We're still only pioneers«, wußte Reagan. Das Pionierzeitalter dauert in seiner Vorstellung an. Als er über die milliardenschwere *Strategic Defense Initiative* (SDI) zu befinden hatte, beriet er sich mit Atomphysikern, Rüstungsexperten und Geschäftsleuten. Dann gab er das Kommando: »Go!« Mit diesem – noch gar nicht existierenden – Abwehrsystem würden die USA in den Stand gesetzt, ihr Schicksal wieder in die eigene Hand zu nehmen und *self-reliance* zu üben. SDI, sagte der Präsident, sei wie ein modernes Fort Henry.

Pionier des Westens und Weltraumsoldat – in der amerikanischen Grundvorstellung wird die Grenze immer weiter hinausgeschoben

Amerikaner sind Philobaten. Der Bequemste unter den Kritikern dieser These urteilte, daran sei schon ein Gran Wahrheit, nur findet man in Amerika halt immer auch das Gegenteil. Eben nicht. Wer so argumentiert, nimmt den Amerikanern ihre Eigenart und gesteht ihnen – scheinbar proamerikanisch – nur ein wildes Sammelsurium von Widersprüchen zu.

Wohl existieren oknophile Nischen. Hutterer und Amish bleiben in räumlichen Enklaven abseits vom amerikanischen Mainstream, um zu verhindern, daß die Technik mit ihnen »durchgeht«. Das Leitmotiv Amerikas wird freilich nicht bei kuriosen Sekten gespielt. Wohl gibt es ein religionssoziologisches Gefälle, was die Stärke der Objektbeziehungen angeht. Die Episkopalier sind intensiver gegen die Scheidung eingestellt als andere protestantische Denominationen. Nur, diese Kirche war von Haus aus um enge Bindungen zum Ursprungsland und zur anglikanischen Hochkirche besorgt. Ebenso unbestreitbar ist das geographische Gefälle. Die Spielleidenschaft nimmt zu, je weiter man nach Westen kommt, die Verschwendungssucht auch. Als Reagan die Macht übernahm, wunderten sich alteingesessene Washingtoner, mit welcher Nonchalance seine kalifornischen Gefolgsleute das Geld zum Fenster hinauswarfen. Am Ende hatte das amerikanische Haushaltsdefizit ein solches Ausmaß angenommen, daß ein europäischer Finanzmann von einem kriminellen Akt sprach.

Neben dem Ost-West-Gefälle gibt es ein Nord-Süd-Gefälle. Im tiefen Süden ist Seßhaftigkeit eine Tugend. »Wenn sich ein Südstaatler die Mühe machte, seinen Koffer zu packen und zu einem Besuch in 20 Meilen Entfernung aufbrach, dann war dieser Besuch selten von kürzerer Dauer als einem Monat.« Margaret Mitchell hat das geschrieben, eine Schriftstellerin, die nie weit aus ihrem heimatlichen Georgia hinausgekommen ist, weil sie vom Reisen weniger angetan war als eine Katze. Das überschaubare County des Südstaatlers William Faulkner wäre dem aus dem Norden stammenden Ernest Hemingway zu eng geworden. Hemingway war ein Philobat wie fürs Lehrbuch: im Unfrieden von zu Hause weggegangen, schießwütig, herzlos beim Tod lieber Freunde, kindisch genug, um noch als Erwachsener damit zu prahlen, Tontauben mit angelegtem rechten Arm herunterholen zu können. Als wollte er den Philobaten in sich auch noch etymologisch bestätigen, hat Hemingway erklärt, er fühle sich wie ein Akrobat, dem ein paar mächtig schöne Sprünge gelungen sind.

Eduard Hall war einer der wenigen Wissenschaftler, die sich mit kulturell bestimmten Objektbeziehungen befaßt haben. Er meinte, daß Afrikaner und Latinos ihr kulturelles Unterbewußtsein in Nordamerika dem unterschiedlichen Raum-Zeit-Gefüge unterordnen mußten. Gerade der Vergleich mit Lateinamerika beweist, wie ausgeprägt die Kultur der USA in ihren Objektbeziehungen ist. Die interkulturelle Varianz ist auf alle Fälle größer als die binnenamerikanische. Der lateinamerikanische Affekt gegen die Yankees hat mit unterschiedlichen Objektbeziehungen zu tun. »Die Bäume müssen in Reih' und Glied stehen«, schrieb der kubanische Revolutionär José Martí mit Blick auf den gewaltigen Nachbarn, »damit der Riese mit den Siebenmeilenstiefeln nicht hindurch kann«.

Die USA und Kanada unterscheiden sich nicht nur in Zufälligkeiten voneinander sondern grundsätzlich, folgerte der Soziologe Seymour M. Lipset nach einem großangelegten interkulturellen Vergleich. Die kanadische Entscheidung im Commonwealth zu bleiben, sich nicht an der Amerikanischen Revolution zu beteiligen, hatte nachhaltige Folgen. Kanadier sind autoritätsgläubiger als Yankees, sie neigen weniger als amerikanische Eltern einer permissiven Erziehung zu. Wieder sind die binnenkanadischen Unterschiede geringer als die zwischenstaatlichen. Wenn es um Familiendisziplin geht, stehen sich franko-kanadische und anglokanadische Eltern sehr nahe; amerikanische Eltern sind nachgiebiger als beide. Der Staat nimmt sich in Kanada größere Rechte als in den USA. Die Pressefreiheit wird südlich der Grenze großzügiger ausgelegt. Kanadier sind weniger klagehungrig als Amerikaner, sie sind besser versichert, sie sparen mehr. Die kanadische Arbeitnehmerschaft ist gewerkschaftlich stärker durchorganisiert. Im Vergleich zu den philobatischen Amerikanern wirken die Kanadier recht oknophil.

Die psychologischen Unterschiede zwischen Kanada und den USA reichen bis in die ethnischen Minderheiten hinein. Die kanadischen Juden sind »europäischer« geblieben als die amerikanischen, sind orthodoxer, zentraler organisiert, politisch konservativer, hängen mehr an alten Sprachgewohnheiten und halten den Talmud rigoroser ein.

In einer Studie mit dem Titel *Die Angst vor Nähe* wird ein amerikanischer Song einem europäischen Liebeslied gegenübergestellt. Der Amerikaner singt »Go away from my window«, während der Europäer das genaue Gegenteil verlangt: »Vieni alla finestra, o mio tesoro«. Nicht mehr als eine Anekdote, ein angenehmes Sentiment? Schon, wenn sich unterschiedliche Objektbeziehungen nicht auch mit harten Daten belegen ließen. Alle statistischen Ergebnisse weisen in eine Richtung: daß Europäer stärkere Objektbeziehungen aufweisen als Amerikaner. Ich zitiere das Ergebnis einer Umfrage, die die Wichtigkeit des Geburtsortes zum Ziel hatte: »Von den Kindern, die in den Vereinigten Staaten geboren waren, nannten nur 7 Prozent spontan ihren Geburtsort als charakteristisches Attribut, während von den im Ausland geborenen Kindern 44 Prozent ihren Geburtsort anführten.«

Europäischer Konservativismus und Faschismus tragen merklich oknophile Züge. Frankreich, in vieler Hinsicht eines der konservativsten Länder Europas, liebt seine kleinen Rituale, hängt am Altüberlieferten, kultiviert Unbeweglichkeit und bekennt sich in all dem zu »la France profonde«. Der faschistische Typ ist ein *control freak*. Lose Enden kann er nicht leiden. Einer der Lieblingssprüche von General Franco lautete: »Todo está atado y bien atado.«*

Die Experimentierfeindlichkeit der deutschen Geschichtswissenschaft ist in den USA ein wohlbekanntes Phänomen. Neue Sichtweisen auf Amerika werden von deutschen Historikern mit hochgezogenen Augenbrauen oder sarkastischen Bemerkungen quittiert, während amerikanische Kollegen, auch älteren Jahrgangs, gleich bereit sind, sich mit unerprobten Perspektiven auseinanderzusetzen. Deutsche bleiben da lieber »im warmen Zuhaus der Weltbilder«, wie Botho Strauß das genannt hat. Aus dem Blickwinkel eines Chicagoer Philosophieprofessors mußte der geistige Einfluß der Europäer auf das amerikanische Bildungssystem wirklich zu einer seelischen Verarmung und zu einem *Closing of the American Mind* führen. Das europäische Beharrungsvermögen verträgt sich schlecht mit der amerikanischen Grunderfahrung. Ein Kafka hatte nicht nur Angst vor dem Reisen, sondern vor jeder Veränderung. Die Umstellung eines Tisches in seinem Zimmer, schrieb er, würde ihm »nicht weniger schrecklich sein als eine Reise nach Georgental«. Deutsche sitzen in ihren Behausungen »wie in einem Kokon«, zwei Drittel möchten überhaupt nicht umziehen, nicht einmal bei der Aussicht auf beruflichen Aufstieg. Mehr als die Hälfte lebt länger als zehn Jahre in derselben Wohnung. Der Tourismus als Massenbewegung hat an der europäischen Immobilität nichts Grundsätzliches geändert, entstehen doch »stets nur die gleichen Zusammenballungen an neuen Plätzen« (Günter Kunert). Der Drang in die Ferne bleibt maßvoll, nur zwei Prozent der gebuchten Urlaubsreisen sind Fernreisen.

Gerade im Ausland bezeugen Deutsche gerne ihre Unbeweglichkeit. In Barcelona kam sich der Schriftsteller Wolfgang Koeppen besonders listig

* Alles ist angebunden uns sehr fest angebunden.

vor, als er fabulierte: »Wenn ich Columbus wäre, ich stiege von meiner hohen albernen Säule, vom wackligen Erdball unter meinen Füßen herab und ginge in die Stadt, ginge die freundliche Rambla entlang und tränke einen Schnaps.« Wir befinden uns hier in der geistigen Nähe von Johann Nestroy und seiner tiefschürfenden Frage: »Das Weltteilentdecken, was hat man davon?« Was hätte man davon, auszuwandern? »In Deutschland liegt unser Amerika«, entschied der Sozialist Karl Liebknecht, der die Genossen vom Auswandern abhalten wollte. In der amerikanischen Geschichte dagegen ist die Ortsveränderung die eine große Konstante. Mit dem Ortswechsel will man sich seiner eigenen Vergangenheit entledigen oder zumindest seine Biographie korrigieren. »A man who couldn't make things go right could at least go.« In dieser Hinsicht hätten sich die USA in den letzten 150 Jahren nicht viel verändert, schrieb Frances Fitzgerald, eine der klügsten Beobachterinnen ihrer Kultur.

Trotzdem ist die Antwort auf die Frage »Wer sind wir?« für die Amerikaner schwieriger geworden. Die USA sind nur noch militärisch die Number One. Amerikanische Wirtschaftsführer und Politiker fühlen sich im Ausland zwar nach wie vor als Seher unter Blinden. Aber andere Länder haben aufgeholt, die USA zum Teil überholt. Der internationale Positionsabfall der Vereinigten Staaten, ihr gigantisches Haushalts- und Handelsbilanzdefizit, hat mit vielen Faktoren zu tun, mit verschleuderten Rüstungsmilliarden, mit dem Mißtrauen zwischen Management und Belegschaft, mit der hohen Armutsquote und mit der niedrigen Sparquote. Amerikaner sparen vier Prozent ihres Einkommens, Deutsche zwölf Prozent, Japaner 20 Prozent. Wo die Sparquote hoch ist, steht auf dem Kapitalmarkt mehr Geld zu günstigen Bedingungen für produktive Investitionen zur Verfügung. Die amerikanischen Börsianer sind in den 1980er Jahren auf dem Weg von der produktiven Investition zur unproduktiven Spekulation und zum kontraproduktiven *take-over* weit vorangekommen. »Left behind are shattered factories, displaced workers, and a newly emerging group of ghost towns.« Die Firmenschließungen betrafen auch den Sunbelt im Südwesten, eine Region, auf die amerikanische Wirtschaftsführer eine Zeitlang große Hoffnungen gesetzt hatten.

Dem amerikanischen Traum zufolge sollte die jüngere Generation die ältere überholen. Das gehörte zur Fortschrittsidee, zur *forward motion*, das war das soziale Evangelium. Mindestens 17 Prozent aller Amerikaner leben in Armut, egal ob in der Stadt oder auf dem Land, viele können sich nicht einmal eine Krankenversicherung leisten, ein hoher Prozentsatz ist ohne Altersvorsorge. Die Jüngeren sind von der Armut seit neuestem mehr betroffen, die Aufstiegschancen haben sich verringert und die Tatsache, daß sich von einer Generation zur nächsten ein sozialer Abstieg eingestellt hat, sorgt für eine kulturelle Verwirrung, wie man sie bisher nicht kannte.

Weil der Dollar nicht mehr allmächtig ist, lassen sich Mißerfolge nicht mehr so leicht abfangen wie zuvor. Entgegen landläufiger Meinung, aber historisch belegbar, haben die USA noch nie eine isolationistische Politik betrieben sondern nur in bestimmten Phasen Europa besonders auffällig den Rücken gekehrt. Dieselben Politiker, die als Isolationisten galten, plädierten für eine Ausdehnung nach Lateinamerika oder in den pazifischen Raum, notfalls mit Gewalt. Die Selbsteinschätzung der Amerikaner und das Bild, das sich der Rest der Welt von ihnen macht, klafft weiter auseinander. Amerikaner glauben, sie selbst und nicht die Russen seien die wahren Erben revolutionären Denkens. Doch Toynbee erklärte kalt, die USA hätten sich an die Spitze einer weltweiten konterrevolutionären Bewegung gesetzt. Die Entfremdung zwischen den USA und der Dritten Welt hat allenthalben zugenommen. Die USA stehen stellvertretend für eine aggressive, hochgradig mobile*, risikobereite Gesellschaft, welche kleinere, harmlose, traditionsverhaftete Länder um die Früchte ihrer Arbeit bringt und deren Kulturen bis zur Unkenntlichkeit verändert. Realpolitisch gesehen haben viele Länder der Dritten Welt Grund, die politische Zuverlässigkeit Washingtons in Zweifel zu ziehen. Rebellische Gruppen wie Exilkubaner, die Kurden im Irak, die Meos in Laos oder die Khambas in Tibet sind von der amerikanischen Regierung moralisch ermutigt, oder militärisch unterstützt und dann im Stich gelassen worden, desgleichen die südvietnamesischen Präsidenten Diem und Thieu. Im Nahen Osten und in der Golfregion gibt es kaum noch Klarheit darüber, welcher Herrscher gerade in der Gunst der Amerikaner steht. Wer sich heute als *good guy* fühlen darf, kann morgen schon als *bad guy* in Ungnade gefallen sein. Eine außenpolitische Leitlinie fehlt. Ausgerechnet die in ihrem Anti-Amerikanismus unübertroffenen Kuwaitis kamen im zweiten Golfkrieg in den Genuß amerikanischen Beistands. Unbeständigkeit ist sogar mit Vorbildcharakter ausgestattet und gleichsam zum Export freigegeben worden. Den Krieg zwischen Serben und Kroaten nahm ein amerikanischer Deutschlandexperte zum Anlaß, Bonn aufzufordern, die

* Ein amerikanischer Präsident schaffte es, an einem Tag fünf mittelamerikanische Staaten zu besuchen.

»angeborenen deutschen Zwangsvorstellungen von Stabilität und Ordnung« über Bord zu werfen und sich zum Ungefähren zu bekennen. »Deutschland muß lernen«, schrieb der Direktor der *American Institute for Contemporary German Studies*, »mit Chaos, Instabilität, schwachen Strukturen und unzureichenden Kontrollmechanismen zu leben.«

Henry Kissinger, lange Zeit ein Liebling der Presse, fiel in dem Moment in Ungnade, als er die Sehnsucht der Amerikaner nach einfachen Lösungen enttäuschte. Kissinger ziehe wegen seiner Herkunft aus der Alten Welt das langwierige Schachspiel vor, sagten seine Kritiker. Auf dem Capitol Hill, unter hundertprozentigen Amerikanern, bevorzuge man Checkers, ein kurzatmiges, rasch entschiedenes Spiel. Kissinger habe in Vietnam den phasenweisen Rückzug empfohlen, in Nahost eine Diplomatie der kleinen Schritte betrieben, bei den Abrüstungsverhandlungen brav einen Baustein auf den anderen gesetzt und allemal den Fortschritt gebremst. Es wäre mehr drin gewesen, »hätten wir nur den Willen gehabt, uns ein bißchen schneller zu bewegen und ein wenig mehr Risiko einzugehen«. Auf ein Werk mit dem Titel *Beyond Kissinger* mußte man da nicht mehr lange warten.

Die USA sind nach wie vor ein Einwandererland. In absoluten Zahlen kommen so viele Immigranten wie auf dem Höhepunkt der Einwandererwelle gegen Ende des vorigen Jahrhunderts. Die Einwanderer, die heute hauptsächlich aus bestimmten asiatischen und lateinamerikanischen Staaten einreisen, sind wie in der Vergangenheit »positiv selektiert«, das heißt, sie liegen nach Bildungsgrad und sozialem Status über dem Durchschnitt ihrer Herkunftsländer. Wie früher sind sie ehrgeiziger, entschlußfreudiger und wagemutiger als die Daheimgebliebenen. Die Ärmsten wandern nicht aus, ebensowenig die Reichsten. Die einen sind zu unbeweglich, die anderen haben keinen Grund, sich in Bewegung zu setzen. Es kommen diejenigen, die sich mit der Kluft zwischen ihren Ambitionen und dem in ihren Heimatländern Erreichbaren nicht auf Dauer zufriedengeben wollen. Das war in der Auswanderungsgeschichte seit dem 17. Jahrhundert im Prinzip nicht anders. Aus den ärmten Ländern wandern kaum welche zu, wo doch, dann aus politischen Gründen wie im Falle Indochinas. Aus den Entwicklungsländern entschließen sich weder die Ärmsten noch die Ungebildetsten zur Auswanderung. Arbeitslosigkeit und Auswanderungswunsch zu eng zusammenzubringen wäre verfehlt. Ein Drittel der legal Eingewanderten zwischen 1960 und 1980 kam aus der Schicht der Akademiker, Manager und leitenden Angestellten. Und selbst die Illegalen rekrutieren sich nicht aus den Hilflosen und total Ausgepowerten, sondern aus solchen, die noch Hoffnung haben, ihr Leben aktiv umzugestalten. Dies alles ist der psychologisch orientierten Migrationsforschung nicht neu.

Neu ist zweierlei. Trotz hoher absoluter Zahlen liegt in den USA der Prozentsatz der im Ausland geborenen Personen mit etwas über sechs Prozent recht niedrig, niedriger als in Kanada oder Australien, niedriger sogar als in Frankreich oder Deutschland. Zweitens weiß die Mehrheitsgesellschaft nicht mehr, welche Sozialisationsangebote sie den Einwanderern machen soll. Darf es der alte Schmelztiegel sein oder eher der Multikulturalismus oder ein drittes? Daß niemand weiß, wie neuzeitliche Assimiliationskompromisse aussehen sollen, hat damit zu tun, daß die dominante Gesellschaft sich selbst umorientiert. Zum Beispiel sind neue Formen familiären Zusammenlebens entstanden wie sie nicht in den Lesebüchern stehen. Dem Einwanderer die Kernfamilie mit Mom and Dad und zwei Kindern als Modell anzubieten, wäre unter diesen Umständen schon dubios.

Wo sind aber nun die bewährten Eigenschaften des Philobaten geblieben, die Mobilität, die Risikobereitschaft, die Leichtigkeit, mit der auf Objekte verzichtet wird und die das Leben des Objektschwachen Typs erst lebenswert machen?

Die Amerikaner sind nach wie vor mobiler als die Europäer und ob ihre Mobilität aufs Ganze gesehen abgenommen hat, wie manchmal behauptet, ist fraglich. »How dull travel really ist«, gestand John Cheever in einer seiner Kurzgeschichten. Die Gesamtzahl der mit Autos zurückgelegten Meilen hat allerdings seit 1970 um 43 Prozent zugenommen. Die amerikanische Kultur ist eine Autokultur wie je. »Die Gerichte in den Vereinigten Staaten wenden mehr als zwei Drittel ihrer Zeit für Gerichtsprozesse auf, bei denen es um Autos geht.« Was die beiden Sowjetmenschen Ilf und Petrov in den 1930er Jahren so frappierte, gilt heute noch: »Amerika liegt an einer großen Autostraße.« Der amerikanische Mensch ist ein Pilger geblieben, ewig im Aufbruch, fortwährend unterwegs auf Straßen, die nach Adornos Gefühl »beziehungslos« durch die Landschaft gelegt wurden. Ein Philobat aus Zuversicht wie Henry Ford hatte gesagt: »Wir lösen die Probleme der Stadt, indem wir die Stadt (mit dem Auto) verlassen.« Das hat nicht funktioniert. Anstelle des Stadt/Land-Gegensatzes finden wir eine kaum definierbare Exurbia vor. Manche Städte bestehen zu mehr als der Hälfte aus Verkehrsflächen, die trotzdem zu den Hauptverkehrszeiten überlastet sind. Seit dem ersten Erscheinen von *Go West* mußte ich mich belehren lassen, daß die Zahl der *drive-in restaurants* keineswegs ab-, sondern noch zugenommen hat. Die Nachfrage nach *fast food* ist weiter gestiegen. Neben *fast food* gibt es *fast therapy*, pseudopsychologische Kurse, bei denen man binnen zwei Tagen zum kompletten Menschen wird. Tempo und Erfolg werden in den USA gewohnheitsmäßig miteinander identifiziert.

War es nicht stets ein Abenteuer, Amerikaner zu sein? Rasche Ortsveränderungen zu verkraften und mehrmals im Leben den Beruf zu wechseln? Sich auch einmal treiben zu lassen auf der Suche nach neuen »Herausforderungen«? Die Möglichkeiten, seiner Angstlust zu frönen, sind geschrumpft und fast nur noch am Rande der Gesellschaft zu verwirklichen. Die Geheimdienstler bilden sich ein, »heute den Platz im Herzen des Amerikaners einzunehmen, der früher einmal dem ›König Cowboy‹ oder dem *Drifter* gehörte.« Die CIA appelliert an die Angstlust, wenn sie unter Collegestudenten Nachwuchs keilt (à la »The case officer exits his cover life to meet with an agent in a corner of a deserted park...«). Des Normalbürgers Abenteuerlust will die Werbebranche befriedigen. Für Comicshefte wird mit dem Satz geworben »If you enjoy being scared out of your wits«. Dies sind Ersatzbefriedigungen und der Kunde muß es sich obendrein gefallen lassen, dabei verhöhnt zu werden: »Zu welcher Art von Frauen gehören Sie? Trauen Sie sich, statt eines Pelzes Federschmuck zu tragen? Haben Sie ein eigenes Flugzeug? Starten Sie nach Hongkong? Dann lieben Sie das Abenteuer. Und was für ein Abenteuer wir für Sie haben! Lawrys Spaghetti-Sauce.«

Der Selfmademan alten Stils war ein selbstsicherer, in allen Sätteln gerechter Draufgänger, der spontan lachen konnte und kein Hehl aus seiner Meinung machte. Nixon versuchte als Selfmademan aufzutreten. Aber er war verkrampft, unfrei, voller Ressentiments, ein Lügner, der sich in seinen Lügen verstrickte und unterging. Oft genug wirkt die Beschwörung amerikanischer Freiheit gekünstelt, gequält oder wie eine unfreiwillige Parodie. Was der amerikanische Traum für ihn noch bedeute, wurde ein Arbeiter in seiner Stammkneipe gefragt. »In Amerika hat man seine Freiheit«, antwortete er. »Das ist wichtig. Ich kann Reagan einen Trottel nennen und muß trotzdem nicht ins Gefängnis.«

Krampfhaft wirkt der Versuch, den Denkstil der Transzendentalisten weiterzupflegen. Der Poststrukturalismus möchte auf dem Weg der Dekonstruktion herkömmliche Überzeugungen über den Haufen werfen und die Begriffshierarchien des Westens durcheinanderwirbeln: nachgemachter

Emerson. Das geheimnistuerische Vokabular der Dekonstruktivisten ist für Laien unverständlich, ein befreiender, die Gegenwart transzendierender Effekt dieser Schule eher unwahrscheinlich. Der Neotranszendentalismus tritt in vielen Verkleidungen auf, auch im Narrenkostüm. Lächerlich das Argument eines hohen Regierungsbeamten, anstelle des hinfällig gewordenen Nationalstaates würden neuerdings die multinationalen Konzerne die »transzendentale Einheit« herstellen – eine wohlfeile Ausrede, Steuern zu sparen und arme Länder in Armut zu halten.

Der Individualismus ist in den USA quasi rechtsverbindlich. Amerikaner genießen das verfassungsmäßige Recht, urteilte einer der bekanntesten Juristen des Landes, »to be left alone«. Die individuelle Jagd nach dem Glück hat freilich in eine Sackgasse geführt und viele zu einer narzißtischen Selbstüberschätzung verleitet, zu einem Pochen auf persönliche Rechte ohne Rücksicht auf soziale Vernunft. Die Zahl der Zivilklagen hat Rekordhöhe erreicht, wegen Bagetellschäden werden astronomische Schadenersatzsummen verlangt. Einen Rechtsbeistand dafür zu gewinnen ist nicht schwer in einem Land, in dem zwei Drittel aller Rechtsanwälte der Welt ihr Auskommen finden müssen. Auf dem strafrechtlichen Sektor ist die Grenze zwischen Individualismus und krimineller Anarchie durchlässig geworden. In den Kommunen, die sich Drogenhändler gekrallt haben, ist das Bandenwesen außer Kontrolle geraten. In Los Angeles kann es genügen, »ein T-Shirt in der Farbe der gegnerischen Bande zu tragen, um beschossen zu werden«. Das Recht »to be left alone« will einem nicht mehr attraktiv vorkommen, wenn man hört, daß amerikanische Diplomaten ihre im Ausland wegen Drogenbesitz inhaftierten Landsleute einsitzen lassen »bis sie verfaulen«. Ein übersteigerter Individualismus macht dann auch keinen Unterschied mehr zwischen Toten und Lebendigen. Eine Selbstmörderin lag »fast einen ganzen Tag« im Hof eines Wohnblocks im dichtbesiedelten, südlichen Manhattan, ohne daß sich jemand um den Leichnam gekümmert hätte.

Der Philobat ist in den Augen des oknophilen Gegentyps ein Wachstumsfanatiker, ein Umwelträuber, ein unbelehrbarer Anhänger der Wegwerfkultur. Amerikanische Waren stehen nicht in dem Ruf besonders großer Haltbarkeit. Autofahrer wissen, daß ein Dodge dreimal öfter in die Werkstatt muß als ein Toyota. Robert Pirsig hatte sich in seinem Bestseller *Zen and the Art of Motorcycle Maintenance* (1974) vorgenommen, nicht mehr über die Möglichkeiten menschlichen Wachstums zu spekulieren: »I just want to talk about how to fix a motorcycle.« In vielem ist Pirsig noch ein Philobat alter Schule. Er verspürt den Drang nach Westen, wähnt sich als Pionier im Gelobten Land, will lieber reisen als ankommen, pflegt das Do-it-yourself und ist immer noch gut darin, Kinder mit Hypotheken zu belasten. Beim Motorradfahren lehnt er Helm und Windschutz ab, fühlt sich sonst eingesperrt. Er äußert philobatische Gemeinplätze wie diesen: »When you really understand dynamic reality you never get stuck.« Daneben läßt sich in Pirsigs Reisebuch ein Hang zu oknophiler Genügsamkeit erkennen. Er preist den Vorteil des Motorrads gegenüber dem Auto: »You're completely in contact with all.« Er liebt abgelegene Straßen ohne *drive-ins* mit netten Leuten und spielenden Kindern. Er bemängelt, daß im »primären« Amerika die seelischen Abstände zwischen den Menschen zu groß geworden sind. Er spricht sich gegen die allgemeine Verschwendung aus, rühmt seine alten Handschuhe, denen er eine halbe Seite widmet. Pirsig ist kein Raser, sondern das, was man unter Motorradfans einen Schrauber nennen würde. Er ist für langsames Fahren, doch zu langsam soll es auch nicht sein. Bei dieser Gelegenheit offenbart Pirsig, wie schwer es ihm fällt, sich von alten Gewohnheiten zu trennen. Im schönsten Satz des Buches heißt es: »If you go too slow they'll kill you from behind.« Gewiß die gräßlichste Todesart für einen Philobaten.

Siebzehn Jahre nach seinem Motorradbuch hat Pirsig einen Roman geschrieben, in dem er ein Plädoyer für starke Objektbeziehungen hält. Wer nicht dynamisch handelt, meint er, werde leicht zum Opfer, aber Dynamik sei eben auch zerstörerisch »und ich habe mehr und mehr gelernt, die Verdienste der Statischen zu schätzen«. Es ist nichts Besonderes, wenn Menschen im Alter ruhiger und unbeweglicher werden. Aber wer wollte diese Erkenntnis hinausposaunen als hätte er das Rad neu erfunden oder besser gesagt den Lehnstuhl?

Die Amerikaner befinden sich auf dem Rückzug aus dem naivsten Optimismus, dem Geist des *can-do*, dem Glauben an die unbegrenzte Machbarkeit. An den Colleges erinnern Philosophen daran, daß Menschen endliche Wesen sind, die sich entsprechend zu verhalten haben und die Distanz zum anderen Seienden überwinden müssen – Gemeinschaftsgeist als ontologische Forderung. Amerikanische Gelehrte haben ihre Schwierigkeiten mit diesem Gemeinschaftsgeist und verheddern sich oft schon bei der Begriffsbestimmung. *Community*, heißt es dann dunkel, sei ein »abwesender, jedoch mächtiger, leerer begrifflicher Raum«. Ein Soziologe aus Berkeley konnte sich nicht entscheiden, ob die Amerikaner in den letzten Jahren mehr oder weniger Gemeinschaftssinn entwickelt haben und zog sich folgendermaßen aus der Affäre: »Several historical changes have *increased* Americans' commitments to their localities, *decreased* their dependence on the locality for sociability, but *increased* their political – and thus, social – significance.« Als ein Soziologenteam mit dem Vorschlag kam, jetzt müsse man über den herkömmlichen Individualismus nachdenken und über das »unbeschwerte Selbst«, um zu einem neuen Gemeinschaftsgeist zu finden, da wurden gleich aufgeregt philosophische Voraussetzungen und gesellschaftliche Folgen solchen Tuns debattiert. Dabei hatte das Team vorsichtshalber erklärt, man wolle den guten alten Individualismus gar nicht abschaffen, »denn das würde für uns bedeuten, unsere tiefste Identität aufzugeben«.

Ein guter Amerikakenner hat von »communities mit beschränkter Haftung« gesprochen. Man setzt sich für sie ein, solange man dort wohnt, verläßt sie dann aber auch ohne große Umstände. Bereits Vance Packard hatte gesehen, daß Amerikanern ihre Entwurzelung mit hochintensiver Nachbarschaftlichkeit wettmachen wollen, ohne sich näher mit den Nachbarn einzulassen. Freunde werden dann so austauschbar wie Autos. Das Bekenntnis zur Nachbarschaftlichkeit und zum Kleinräumigen hat etwas Gewolltes. Ihr Wohnviertel in New York City, sagte eine Politikerin im Wahlkampf, sei »in Wirklichkeit« bloß eine Kleinstadt.

Wo der Bewegungsdrang frustriert wird und Situationen der Angstlust nur noch künstlich herbeizuführen sind, *pervertiert* der Philobat aus Verzweiflung seine optische Orientierung. Der Schriftsteller Richard Ford weiß, daß ein Teil seines Ichs seßhaft bleiben möchte. Er weiß auch, daß er sich nur im Besitz seiner selbst fühlt, wenn er in Bewegung ist. Ihn hält es deshalb nicht lange in einer Wohnung, er kann dieselben Bilder, dieselben Abdrücke auf dem Teppich, dieselben Steckdosen in der Wand nicht mehr sehen – und er beneidet einen Blinden, dem dieser Gewöhnungseffekt erspart bleibt.

Das Problem der Amerikaner besteht darin, daß sie zu ausgeglichenen Sozialbeziehungen nicht finden können. Sie wollen an nationalen Eigenschaften festhalten, die kulturell gewachsen sind und für die sie seelisch disponiert waren, die aber immer weniger zeitgemäß wirken.

QUELLEN UND VERWEISE

Auswanderung und Nationalcharakter

Das Zitat von Darwin stammt aus der *Abstammung des Menschen*, Stuttgart 1961 (*The Descent of Man*, 2. Aufl. 1874), S. 176. George W. Pierson hat in seinem Aufsatz »The M-Factor in American History«, enthalten in dem von Michael McGiffert herausgegebenen Sammelband *The Character of Americans*, Homewood 1964, S. 118 bis 130 (ursprünglich in *American Quarterly*, 14, 1962, S. 275–89) den Gedanken der *up-and-coming* als Auswahlprinzip angesprochen. Herrn Scherer von der Heimatstelle Pfalz verdanke ich die Auflistung der Motive pfälzischer Auswanderer. Scherer teilt mit, daß die Werber bei der pfälzischen Auswanderung keine Rolle spielten. Reinhard Doerries hat 1977 in einem Vortrag von der »psychological proclivity« der Auswanderer gesprochen. Über die »selective migration« der Puritaner siehe Perry Miller, *The Puritans*, New York 1937.

Zu den konstituierenden Faktoren menschlichen Verhaltens und dem somatischen Normen-Image äußert sich Pierre van den Berghe »Race and Ethnicity: a Sociobiological Perspective«, in: *Ethnic & Racial Studies*, 4, Okt. 1978, S. 401 ff.

Bayerische Auswanderer

Das Material über bayerische Auswanderer im 19. Jahrhundert entnahm ich dem Bayerischen Staatsarchiv, vor allem unter den Aktenzeichen RA 16 725, RA 16 739, RA 16 673, RA 29 034 und dem Bayerischen Hauptstaatsarchiv unter GR 419/41.

Schwedische Auswanderer

Die Zitate aus Briefen schwedischer Auswanderer entnahm ich H. Arnold Barton, *Letters From the Promised Land - Swedes in America 1840–1914*, University of Minnesota 1975, S. 44, 53 f., 70, 171, 186 f., 190, 193 f. H. Runbloom und H. Norman bringen in *From Sweden to America - A History of the Migration*, Minneapolis u. Uppsala 1976, S. 123, 138, 142, 155, 173 f. einige nützliche Hinweise zur Motivstruktur.

Britische Auswanderer

Die Zitate aus englischen und schottischen Auswandererbriefen stehen bei Charlotte Erickson, *Invisible Immigrants - The Adaption of English and Scottish Immigrants in 19th Century America*, Coral Gables 1972, S. 22 f., 27, 65, 67, 113, 115, 135, 235, 270, 311, 323, 346, 352, 396 f., 413 f., 423. Samuel Sewall wurde nach Ch. P. Smith, *Yankees and God*, New York 1954, S. 218 zitiert, der heiratslustige Einwanderer in Texas nach Arthur Calhoun, *A Social History of the American Family*, Cleveland 1917, Bd. 2, S. 115.

Polnische Auswanderer

Bei der polnischen Auswanderung ist als Materialsammlung unersetzlich Thomas und Znaniecki, *The Polish Peasant in Europe and America*, New York 1917.

Charakteristika einzelner Auswanderer

Ich stützte mich hauptsächlich auf die Autobiographien von Carl Schurz, *Lebenserinnerungen*, Berlin 1920–23, Bd. I, S. 26, 101, 178, 215, 219 f., 245, 283 ff., 386 f., 410 f.; Bd. II, S. 20; Jacob Riis, *The Making of an American*, New York 1907, S. 6 f., 16, 36, 69; Heinrich von Struve, *Ein Lebensbild*, Leipzig 1895; Ludwig Lewisohn, *Gegen den Strom*, Frankfurt 1924, S. 23, 37; Carl J. Hauser, *Irrfahrten und Heimfahrten*, Buffalo u. Zwickau 1910, S. 33, 38, 40 und die autobiographischen Kindheitserinnerungen Fritz von Unruhs in *Der Sohn des Generals*, Nürnberg 1957, S. 17, 19, 23, 67. Die Lebensgeschichte von Władek ist abgedruckt bei Thomas/Znaniecki, Bd. II, S. 1915 ff.

Der Charakter der Seßhaften

Lothario spricht seinen unsterblich gewordenen Satz in *Wilhelm Meisters Lehrjahre* VII, 3. Den Hinweis auf Hauptmanns *Atlantis* fand ich in der auch sonst immer wieder herangezogenen Studie von Alfred Vagts, *Deutsch-Amerikanische Rückwanderung*, Heidelberg 1960. Das Zitat aus *Atlantis* findet sich in der Propyläen-Ausgabe von Gerhart Hauptmanns *Werken*, V, 421.

Unentbehrlich war – auch bei anderen Kapiteln – der *Guide to the Manuscript Materials Relating to American History in the German State Archives*, Washington 1912. Biographische Einzelheiten zum Übergang von der Wanderlust zur Seßhaftigkeit stehen bei Hjalmar Schacht, *76 Jahre meines Lebens*, Bad Wörishofen 1953, S. 41 und bei Wilhelm Keil, *Erlebnisse eines Sozialdemokraten*, Stuttgart 1947, Bd. I, S. 56, 64, 71, 78, 88, 101, 151; Bd. II, S. 510. Die seßhaften Eigenschaften Kants habe ich rekonstruiert anhand von Wolfgang Ritzel, *Immanuel Kant* – Zur Person, Bonn 1975, S. 28, 31 f., 34, 53, 56, 63 f., Uwe Schultz, *Immanuel Kant*, Reinbek 1965, S. 16, 49, 57, 59 sowie Karl Vorländer, *Immanuel Kants Leben*, Hamburg 1974 (1. Aufl. 1911), S. 27, 145. Katharina die Große wurde zitiert nach Henry Nash Smiths immer noch wegweisender Analyse *Virgin Land – The American West As Symbol and Myth*, New York o. J., S. 5. (1. Aufl. 1950).

Protestanten und Katholiken

David McClelland gibt in *Die Leistungsgesellschaft*, Stuttgart 1966, S. 307 die genauen Korrelationskoeffizienten bezüglich des unterschiedlichen Kaufverhaltens bei Laufställen etc. Über die katholische Erweckungsbewegung hat Jay P. Dolan, *Catholic Revivalism 1830–1900*, South Bend 1978 geschrieben. Zur polnischen Auswanderung nach Brasilien siehe W. Thomas und F. Znaniecki, *The Polish Peasant in Europe and America*, New York 1917; zur unterschiedlichen Kolonisation der Commonwealth-Länder M. A. Jones, *American Immigration*, Chicago 1960, S. 115.

Rückwanderer und ihre Motive

Vagts, *a. a. O.*, S. 8, 12, 16, 20, 84, 104, 107 ff., 122 war hier unverzichtbar. Andere Hinweise fand ich bei Runbloom, *a. a. O.*, Barton, *a. a. O.*, S. 73 ff., 243, 246; Oscar Handlin, *Immigrations As a Factor in American History*, Englewood Cliffs 1961 (2. Aufl.), S. 30; Ch. Erickson, *a. a. O.*, S. 177, 371 f., 383 sowie H. Protze, »Der Baum als totemistisches Symbol in der Dichtung«, in: *Imago*, 5, 1917, 5 ff., der sich Gedanken über Sealsfield machte. Zur italienischen Rückwanderung veröffentlichten Francesco Cerase, *From Italy to the United States and Back*, Ann Arbor 1972 und Betty Caroli, *Italian Repatriation from the United States 1900–1914*, New York 1973 nützliche empirische Studien. Angaben zur bayerischen Rückwanderung entstammen dem Bayerischen Staatsarchiv unter dem Aktenzeichen RA 29 067 und dem Bayerischen Hauptstaatsarchiv unter GR 419/41. Die nützlichste, da als kollektive Biographie angelegte Studie für meine Zwecke ist Wilbur S. Shepperson, *Emigration and Disenchantment - Portraits of Englishmen Repatriated from the United States*, Norman 1965, S. 26 f., 49, 53, 80 f., 100 f., 138 f., 144 f., 149, 181, 195.

Yeats wurde zitiert nach I. Greverus, *Der territoriale Mensch*, Frankfurt a. M. 1972, S. 176. Das Verhältnis zwischen Mobilität und technischer Fertigkeit *(skill)* behandeln Thomas u. Znaniecki, *a. a. O.*, Bd. I, S. 198, das Scheitern in Amerika wegen mangelnder Flexibilität und Geschicklichkeit exemplarisch bei dem Vetter Olow in der Familie Raszkowski.

Die Natur der Objektbeziehungen

Mosts Invektive steht in seinen *Memoiren*, New York 1903–7, S. 38. Den Hinweis auf Spangenberg verdanke ich Vagts, *a. a. O.*, weitere Zitate stammen aus Pierson, *a. a. O.*, Oscar Handlin, *a. a. O.* und *The Uprooted*, Boston 1951, dessen Lektüre heute insgesamt recht komisch wirkt. Von den Werken Michael Balints sind für meine Zwecke als grundlegend zu nennen das bereits zitierte *Thrills and Regressions*, London 1959 (deutsch: *Angstlust und Regression*, Reinbek 1972) und *The Basic Fault*, 1968 (deutsch: *Therapeutische Aspekte der Regression*, Stuttgart 1970, besonders Kapitel 12). Die Literatur über Balint ist spärlich: Alexander Mitscherlich, »Zur Erinnerung an Michael Balint«, in: *Psyche*, 1973, 97–100; Paul Ornstein, »In Memoriam Michael Balint 1896–1970«, in: *American Journal of Psychiatry*, 127, 1971, S. 1697; Stephen Morse, »The Psychological Theory of Michael Balint«, in: *Psychiatry in Medicine*, 3, 1972, S. 407. Ein portugiesischer Fachaufsatz zu Balint war mir nicht zugänglich. Die Witwe Balints teilt mit, das Werk ihres Mannes, speziell seine originelle Theorie über starke und schwache Objektbeziehungen, sei von der Fachwelt bislang so gut wie ignoriert worden. Zur allgemeinen Darstellung der Objektbeziehungen waren außer dem bereits genannten René Spitz nützlich John Bowlby, »The Nature of the Child's Tie to His Mother«, in: *International Journal of Psycho-Analysis*, 39, 1958, S. 350–73; zur Natur der Angst äußerte sich einschlägig H. Bürger-Prinz, »Gedanken über die vitale Person«, in: *Nervenarzt*, 12, 1939, S. 504, 507; zu Pubertät und Objektfindung H. W. Löwnau, »Störungen der Intentionalität am Beispiel des Suicids im Kindes- und Jugendalter«, in: *Acta Paedopsychiatrica*, 30/31, 1963/4, S. 12–19.

Die Objektkonflikte Carl Zuckmayers entnahm ich seiner Autobiographie *Als wär's ein Stück von mir*, Frankfurt 1977, S. 88, 164, 168, 288, 303, 388, 407, 421, 472. Louis Adamics Reisebericht ist erschienen unter dem Titel *The Native's Return*, London 1934. Zitiert wurde nach den Seiten 6, 13 f., 18, 20 f., 78, 82, 85, 355 und 358. Mit den von Adamic erwähnten *killing nurses* befaßte sich der Psychohistoriker Lloyd De Mause, »The Evolution of Childhood«, abgedruckt in den von Kren und Rappoport herausgegebenen *Varieties of Psychohistory*, New York 1976, S. 143. Eine allgemeinverständliche Darstellung der pränatalen Objektbeziehungen gibt Linda F. Annis, *The Child Before Birth*, Ithaca 1978. Über die weitere Entwicklung nach der Geburt siehe René Spitz, *Die Entstehung der ersten Objektbeziehungen*, Stuttgart 1973 (1954). Zur irreversiblen Traumabildung beim Kleinkind nach Trennung von der Mutter siehe D. W. Winnicott, »The Location of Cultural Experience«, in: *International Journal of Psycho-Analysis*, 48, 1966, S. 369. Jerome Kagan (Harvard) ist einer der Vertreter der Schule, die an eine entscheidende Individuierung nicht vor dem 6. Lebensjahr glauben. Wichtige biochemische Faktoren werden in dem von J. H. P. Jonxis herausgegebenen *Nutricia Symposium*, Leiden 1964, abgehandelt, speziell der Einfluß dieser Faktoren bei der Anpassung des Neugeborenen an die Umwelt.

Frontier und Manifest Destiny

Zur Territorialität als psychologischer Kategorie siehe Greverus, *a. a. O.*, S. 24. Eine Reihe von Schriftstellern und Politikern wurde zitiert nach H. N. Smith, *a. a. O.*, so Horace Greeley, S. 221; J. F. Cooper, S. 65; E. Eggleston, S. 183; Daniel Boone, S. 58; Th. H. Benton, S. 30; Gilpin, S. 40. Weitere Zitate aus William Bradford, *History of the Plymouth Plantation*, S. 125 und Cotton Mather, *Wonders of the Invisible World*, Aufl. 1862, S. 11 f. Augustus John Foster, *Jeffersonian America*, wurde zitiert nach Fawn Brodie, *Jefferson*, London 1974, S. 445. Von den neueren Interpretationen wurden herangezogen Max Lerner, *America As a Civilization*, Bd. I, S. 108; Vernon Louis Parrington, *Main Currents in American Thought*, New York Aufl. 1958, Bd. II, S. 171, 340; Ralph Gabriel, *The Course of American Democratic Thought*, New York 1940, S. 262. Von den Schriftstellern des 19. Jahrhunderts Melville, *Moby Dick*, London 1953, S. 21; Thoreau, *Walden*, Princeton 1971 (1. Aufl. 1854), S. 322, deutsche Ausg. Weimar 1964, S. 395; Whitman, *Leaves of Grass*, New York 1965; Poe, *The Narrative of Arthur Gordon Pym*, New York 1902, S. 102, 178, 216. Ferner erwiesen sich als ergiebig Rogin, *Fathers and Children*, New York 1975 zu Andrew Jackson und E. B. White, *The Revolutionary Generation 1763–1790*, New York 1946 (1. Aufl. 1943), S. 143. Über Illinois und die geographische Ausdehnung Howard Moon, »A History of Transportation in Illionois«, unveröff. Ms. 1975; über die beginnende Seßhaftigkeit in Vermont informiert Lyle Dorsett, »Town Promotion in 19th Century Vermont«, in: *New England Quarterly*, Juni 1967, S. 277. Henry Nash Smith selbst wurde zitiert *a. a. O.*, S. 11, 58, 91. Michael Balint wird hier herangezogen mit *Thrills and Regressions*, London 1959, S. 44. Zur irrationalen Komponente bei der Ausrottung des Bisons siehe R. A. Billington, *Westward Expansion*, New York 1967, S. 670. Der irische Auswanderer wurde zitiert bei Greverus, *a. a. O.*, S. 137. Den Vergleich zwischen Shanghai und Kansas City stellte Senator Kenneth Wherry an, zitiert bei Eric Goldman, The Crucial Decade, New York 1956, S. 117.

Western Songs und deutsche Wanderlieder

Sämtliche im Text zitierten Western Songs stehen in den von Richard Lingenfelter u. a. herausgegebenen *Songs of the American West*, Berkeley 1968; die deutschen Wanderlieder in der Mehrzahl bei Walther Werckmeister, *Deutsches Lautenlied*, insbesondere Abschnitt II, 2 »Wanderlust«. Zum deutschen Schlager: W. Vogel, »Von der Wirklichkeit der Träume – Zum Weltbild des Schlagers«, in: *Diskus*, 8, 1964, S. 3. Zu den verschiedenen Formen des Abschiedsliedes siehe I. Greverus, *a. a. O.*, S. 90, 91, 126, 118, 123, 367 f. Greverus beruft sich bei Eichendorff auf Lämmert, beim Heimweh der GI's auf Zwingmann und bei »Heimweh nach Köln« auf den Biographen des Liederdichters, Liessen. Auf den Seiten 134 f., 159 f. und 175 geht Greverus auf Aus- und Rückwanderungsverbote in Deutschland ein. Die »American Wakes« der Iren werden auf S. 178 behandelt. Von der territoriumsperspektivischen und daher bezüglich Trauer ziemlich affektfreien Tendenz des Auswanderungsliedes ist auf S. 141 die Rede. Das Beispiel mit dem Singverbot bei Schweizer Truppen im Ausland stammt aus Elfriede Grabner, »Nostalgie als Krankheit«, in: *Österreichische Zeitschrift für Volkskunde*, 79, 1976, S. 226 ff.

Distanz in Erziehung, Politik und Kultur

Zum puritanischen Erziehungsstil siehe David Stannard, »Death and the Puritan Child« sowie den Beitrag Edmund Morgans in dem von Stannard herausgegebenen Band *Death in America*, University of Pennsylvania 1975, dazu John Demos, »Developmental Perspectives on the History of Childhood«, in: *Journal of Interdisciplinary History*, 2, 1971, S. 315. Über John Quincy Adams' Kindheit und Jugend hat überzeugend geschrieben David Musto, »The Youth of John Q. Adams«, in: *Proceedings of the American Philosophical Society*, 113, August 1969, S. 269–82. Der Psychologe, der den Rat erteilte, die Kinder auf dem Weg nach oben nicht zu stören, war H. Crichton Miller. Er schrieb 1923 ein Buch mit dem Titel *The New Psychology and the Parent*, das ich nach Glenn Davis, *Childhood and History in America*, New York 1976, S. 143 zitiere, ebenso wie Watson, S. 134. Die oknophile Mutter kommt zur Darstellung in Horst-Eberhard Richters Werk *Eltern, Kind und Neurose*, Stuttgart 1963. Mit Lillian Carter befaßt sich das *Journal of Psychohistory* vom Herbst 1977; das Zitat über die Distanz zu ihrem Sohn steht dort auf S. 211. Eriksons These von der »Beweglichkeit bis zum Zerreißpunkt« habe ich der deutschen Übersetzung von *Childhood and Society* entnommen, die 1957 unter dem Titel *Kindheit und Gesellschaft* in Zürich erschien; dort auf S. 271. Margaret Meads Gedanken zum Thema »We are all third generation« stehen in ihrem Buch *And Keep Your Powder Dry*, das seit 1942 mehrfach neu aufgelegt wurde. Ich zitiere nach der Erstausgabe, S. 37, 39, 68. Zu verschiedenen Modi der amerikanischen Kindererziehung (Watson-Schule; Spock-Schule) vgl. Spitz, *a. a. O.* Die vergleichende Analyse von Berufssoldaten und Kriegsdienstverweigerern wurde durchgeführt von David Mantell, *True Americanism*, New York 1974.

Die verschiedenen wörtlichen Zitate zur Amerikanischen Revolution und zur Verfassungstradition entstammen Percy Douglass, »Iconoclasm Necessary to Progress«, in: The *North American Review*, Juni 1889, S. 768 f.; Elisha Douglass, *Rebels and Democrats*, Chapel Hill, S. 218; Bernard Bailyn, *The Ideological Origins of the American Revolution*, Cambridge 1967, Eric Robson, *The American Revolution*, London 1955, S. 51; Charles Mullett, *Fundamental Law and the American Revolution*, New York 1933, S. 69. Der blinde Senator Schall wurde zitiert nach Thomas Bailey, *A Diplomatic History of the American People*, New York, 6. Aufl. 1958, S. 632. Zum Nativismus siehe John Higham, *Strangers in the Land*, New Brunswick 1955, S. 42, 62, 64, 180. William Westmoreland äußert sich in seinem »Report on Operations in South Vietnam«, aus: *Report on the War in Vietnam*, Washington 1969, S. 141. Louis Hartz wurde zitiert nach Doris Kearns, *Lyndon Johnson and the American Dream*, New York 1973, S. 96, Joseph Alsop nach der *Congressional Record*, 11, 1–10, A4. Richard Nixon erklärt sich in seinem Buch *Six Crises*, New York 1962.

Ich habe herangezogen die Nationalcharakterstudien von Margaret Mead, *a. a. O.*, S. 221 f.; David Potter, *People of Plenty – Economic, Abundance and the American Character*, Chicago 1964, S. 104, 122; Geoffrey Gorer, *The Americans*, New York 1948, S. 154 ff., 168, 176; David Riesman, *The Lonely Crowd*, New York 1956 (1. Aufl. 1950), S. 41, 100. Vom »archaischen Erbe« spreche ich in Anlehnung an H. Z. Winnik, »Psychoanalytical Thoughts on the Concept of National Character«, in: *Israel Annals of Psychiatry*, 11, 1973, S. 174 ff. Über den »skill« des Philobaten und die Eroberung der Welt siehe Balint, 1959,

S. 82 f. Zum *skill* der Green Berets vgl. Mantell, *a. a. O.*, S. 174. Erich Fromms *Fear of Freedom* ist erstmals erschienen 1942.

Sprache und Verhalten im Alltag

J. Carter und sein »clean break with the past« wurde zitiert nach der *Washington Post* vom 7. August 1977. Henry Nash Smith beschreibt Kit Carson als Indianermörder, *a. a. O.*, S. 114. G. Lowes Dickinson spricht von der »unpardonable sin« des Stillstehens in einem Symposium aus dem Jahre 1905, auf das sich Potter, *a. a. O.*, S. 96 bezieht. Vance Packard hat in *A Nation of Strangers*, New York 1972 verschiedene nützliche Daten zur Mobilität zusammengetragen. Zum Berufswechsel und dessen Häufigkeit äußerte sich Gorer, *a. a. O.*, S. 141. Der erwähnte Western von John Ford trägt den Titel *Three Bad Men*; der Film spielt 1876 und wurde 1926 gedreht, er zeichnet sich durch ein recht anspruchsvoll geschriebenes Drehbuch aus. Der Bestseller über Jogging, *The Complete Book of Running*, wurde von James Fixx geschrieben. Die *New York Times Book Review* kündigte am 24. 12. 1978 folgende Neuerscheinungen zum Thema Jogging an: *The Psychic Power of Running – How the Body Can Illuminate the Mysteries of the Mind; Holistic Running – Beyond the Threshold of Fitness; Inner Running – The Ultimate Natural High*, C. G. Jung läßt sich im 8. Band von *Der Leuchter* (1927) in seinem Aufsatz über »Die Erdbedingtheit der Psyche« zum amerikanischen Nationalcharakter vernehmen. Eine Schwedin, die sowohl die endlosen Prairien als auch die amerikanischen Schaukelstühle haßt, schildert Barton, *a. a. O.*, S. 143 und 146. Über national- und kulturspezifische Unterschiede im Raum- und Distanzbedürfnis von Personen haben u. a. Edward T. Hall und Eric Knowles empirisch gearbeitet. Derlei Versuche werden beschrieben von Paul Insel (Stanford School of Medicine) und H. L. Lindgren (San Francisco State University) in »Too Close for Comfort«, *Psychology Today*, Dez. 1977, S. 102 ff. Ein Buch gleichen Titels der beiden Wissenschaftler erschien 1978.

Die »avoiding tendency« und ihre Ursachen untersuchte Philip Slater, *The Pursuit of Loneliness – American Culture at the Breaking Point*, Boston 1970. Das Nervöse in der Konversation hat Max Lerner, *a. a. O.*, Bd. II, S. 642 beobachtet. Santayana wurde zitiert nach Pierson, *a. a. O.*, S. 128. Die Feldforschungsstudie über die Vereinzelung alter Amerikaner unternahm Joyce Stephens, *Loners, Losers and Lovers – Elderly Tenants in a Slum Hotel*, Seattle 1976. Der Knigge für Auswanderer wird bei Higham, *a. a. O.*, S. 256 gebührend lächerlich gemacht.

Die freundlichen Weiten und der Heroismus

Slater, *a. a. O.*, S. 33 zitiert die »Bombs Away«-Schlagzeile, Gabriel, *a. a. O.*, S. 331 schrieb über die Wrights und die Entfesselung der Vorstellungskraft. Die Entstehungsgeschichte des Batman schildern anschaulich R. Reitberger und W. Fuchs, *Comics*, München 1971, S. 107. Zu Lindbergh siehe meinen Aufsatz in den *Frankfurter Heften*, »Vorteile des Alleinfliegens«, 29. Nov. 1974, S. 818–22. Die Information über das Abschalten der Fernseher bei der Mondlandung verdanke ich einem Vortrag von Herbert Goltz in Nürnberg am 25. Nov. 1977. Balint geht *a. a. O.* (1959) auf die Nautilus ein, S. 54, Fußnote 1. Über Howard Hughes merkwürdige Gewohnheiten schrieb *Time Magazine* am 13. Dez. 1976. Herman Argelanders eindrucksvolle Analyse erschien unter dem Titel *Der Flieger – Eine charakteranalytische Fallstudie*, Frankfurt 1972. Ich beziehe mich vor allem auf die Seiten 24, 33 f., 39, 46, 65, 71, 105 f.

Hemingway habe ich dargestellt nach Abschnitten meiner Dissertation über *Selbstmorde und Selbstmordversuche amerikanischer Schriftsteller*, München 1966 sowie nach Philip Young, *Ernest Hemingway - A Life History*, New York 1970, S. 20, 27, 30, 33, 38; Sheridan Baker, *Ernest Hemingway*, New York 1967, S. 57, 62, 94; Harry Levin, »Observations on the Style of Ernest Hemingway«, aus: R. P. Weeks, (Hrsg.), *Hemingway*, Englewood Cliffs 1962, S. 80, 93; Earl Rovit, *Ernest Hemingway* New York 1963, S. 22, 25, 28, 31, 87 f., 90, 163; J. Benson, *The Short Stories of Ernest Hemingway*, Durham 1975, S. 273; John Killinger, *Hemingway and the Dead Gods*, Univ. of Kentucky 1960, S. 28. Eine Version dieses Abschnitts erschien in *Kindheit*, 1979, S. 321–7.

Zur Erfahrung freundlicher Weiten unter Drogeneinfluß vergleiche Bernward Vesper, *Die Reise*, Jossa 1977, S. 153. Über Ortswechsel als eine Arznei der Gemütskranken schrieb Carl Justi in *Winckelmann und seine Zeitgenossen*, Leipzig 1898, zitiert nach Vagts, *a. a. O.*, S. 48. Die Mitteilung über die »geographische Kur« verdanke ich Lyle Dorsett, im Juli 1977. Zu regressiven Tendenzen bei langjährigen Marihuanarauchern veröffentlichten H. Kolanski und W. T. Moore, »Clinical Effects of Marijuana on the Young«, in: *International Journal of Psychiatry*, 10, 1972, S. 52. Zum Kult um James Dean siehe Amy Cooper, »The Death Cult of James Dean«, aus: E. S. Shneidman, (Hrsg.), *Death and the College Student*, New York 1972, S. 111, 117 f.

Die konstitutionelle Ähnlichkeit zwischen Hemingway und J. F. Kennedy beschrieb Philip Young, *a. a. O.* (1966), S. 273, ferner Aaron Latham, »A Farewell to Machismo«, in: *New York Times Magazine*, 16. Okt. 1977, S. 53 und Malcolm Cowley, zitiert in *Der Spiegel*, 12. Juli 1961, S. 49 f.

Auf das Wettbewerbsklima im Hause Kennedy geht am ausführlichsten ein Nancy Clinch, *The Kennedy Neurosis*, New York 1973. Zu Harvey Oswald ist in diesem Zusammenhang vor allem lesenswert Heinz Anspacher u. a. »Oswald: An Adlerian Interpretation«, in: *Psychoanalytic Review*, 53, 1966, S. 382, 385 f.

Über Carter, dessen Mutter und die Verhältnisse im Elternhaus verbreitet sich das *Journal of Psychohistory* in einer Sondernummer (Herbst 1977). Die *New York Review of Books* bespricht am 18. Mai 1979 die Carter-Biographie von James Wooten mit dem Titel *Dasher*, dort ist von den weiten Perspektiven im Sumter County in Georgia die Rede. Über das nahende Ende des Nordstaatlers im Zusammenhang mit seiner Erdferne spekulierte Hermann Graf Keyserling schon 1930 in *Amerika - Aufgang einer neuen Welt*.

Neue Objektbeziehungen

Den Familienzusammenhang als Auswanderungsmotiv erwähnt Ericksen, *a. a. O.*, S. 29, aber auch das Typischere, daß nämlich Frauen generell unwillens waren »to continue to move«, nachdem sie in Amerika angelangt waren, S. 65. Von den 200 Millionen unregierbaren Egos spricht Andrew Hacker in seinem 1970 erschienenen Band über das Ende der amerikanischen Ära (S. 34). Das Zitat von Saint-Exupéry dient Ariès als Motto für seine Geschichte der Kindheit. Hesse und seine Morgenlandfahrt wurde – decouvrierend – benutzt von einer amerikanischen Studentin, die sich mit dem Suizidthema auseinandersetzte, vgl. Shneidman, *a. a. O.*, S. 131. Hesses Zweizeiler steht bei Vagts, *a. a. O.*, S. 48.

Über die Dialektik der Psyche vgl. Stuart Hughes, »Geschichte und Psychoanalyse«, in: H. U. Wehler, (Hrsg.), *Geschichte und Psychoanalyse*, Frankfurt a. M. 1974, S. 27–45, insb. S. 34. John Adams machte sich Gedanken über die katholische Messe und wird zitiert bei

E. B. Greene, *a. a. O.*, S. 108. Reynold Price von der Duke University schrieb über »Home: An American Obsession« in der *Saturday Review* vom 26. Nov. 1977, S. 12. Der Tagebucheintrag Kunens findet sich in seinen *Strawberry Statement* von 1969, S. 8 f. Die Stelle wird auch von Glenn Davis, *a. a. O.*, S. 244 verwendet. Slater, *a. a. O.*, S. 130 benützt das Lied von Tom Lehrer. Walt Conser (Brown University) hat das Beispiel Alice's Restaurant und verschiedene andere Anregungen beigesteuert. Über die neue Situation in North Carolina vgl. den *U. S. News and World Report* vom 17. Juli 1978. Über die Weigerung, sich um jeden Preis versetzen zu lassen, berichtet dieselbe Zeitschrift am 27. März 1978. Über die sozialen Folgen frustrierter Dynamik machte sich Ramsay Clark in *Crime in America*, London 1970, S. 342 Gedanken. Zum Nutzen der Psychohistorie äußerte sich Bruce Mazlish in dem von Kren und Rappaport herausgegebenen Band *Varieties of Psychohistory*, S. 17–37.

Das ozeanische Gefühl

Kolumbus als »Mann des Auges« ist eine Formulierung von Klaus Bürger, *Christoph Kolumbus*, Leipzig 1983, S. 120. Den Hinweis auf die mangelnde *querencia* verdanke ich Kirkpatrick Sale, *The Conquest of Paradise*, New York 1990, S. 55. Die Zitate von Kennedy und von Adorno weiter unten wurden aufgespürt von Rainer Appel anläßlich seiner Besprechung der Erstausgabe dieses Buches in der *FAZ* vom 17. 11. 1981. Gertrude Steins Unterscheidung wurde mir mitgeteilt von Ruth Weibel. Zu Robert Lowells psychobiographischer Entwicklung ist unersetzlich Ian Hamilton, *Robert Lowell*, New York 1982.

Reagan wurde zitiert nach E. T. Linenthal, *Symbolic Defense*, Urbana 1989. Mit dem »bequemsten Kritiker« ist der Rezensent in der *Zeit* vom 17. 7. 1981 gemeint, der aus Verachtung nicht einmal meinen Buchtitel korrekt abschreiben konnte. Einfühlsame Kritiken standen, außer in der *FAZ*, in der *Frankfurter Rundschau*, im *Merkur* und im *Journal of Psychohistory*. In der letztgenannten Zeitschrift (Winter 1984) schrieb der Emigrant Peter Petschauer: »I have often wondered why I wanted to be on the move more than most of the individuals with whom I grew up both in Germany and in Northern Italy.« R. Appel hatte erkannt: »Das Buch lädt zum Assoziieren ein ...«

Zu den Amish siehe die Magisterarbeit von G. Cyffka, *The Amish People*, München 1984.

Das Zitat von Margaret Mitchell wurde ausgegraben von *Time Magazine* am 7. 10. 1991 anläßlich der »Fortsetzung« ihres großen Romans. Hemingways Philobatismus wird überdeutlich in den von Carlos Baker herausgegebenen *Selected Letters 1917–1961*, New York 1981. Edward Hall wurde zitiert nach der *New York Times* vom 2. 3. 1970. Der Satz von José Martí stammt aus »Unser Amerika« (1891).

Den Vergleich zwischen den USA und Kanada hat angestellt S. M. Lipset, *Continental Divide*, New York 1990. Der Vergleich der beiden Songs findet sich bei Wolfgang Schmidbauer, *Die Angst vor Nähe*, Reinbek 1985, S. 2. Zur Wichtigkeit des Geburtsorts siehe Jerome Kagan, *Die Natur des Kindes*, München 1987, S. 243. Über französische Eigenheiten schrieb der *Spiegel* Nr. 5/1987, das Zitat von Franco habe ich dem *Merkur* vom November 1985 entnommen. Zur Sterilität der deutschen Historiographie und Amerikakunde haben sich unter anderem D. H. Fischer und Ihab Hassan geäußert. Als Musterfall für amerikanische Offenheit gegenüber neuen Ideen möchte ich John Higham nennen, der den Grundgedanken von *Go West* (1981) sofort verstanden hat. *The Closing of the American Mind* von Allan Bloom ist 1987 erschienen, das *Ende der Geschichte* von Francis Fukuyama in deutscher Übersetzung 1992.

Die oknophilen Züge verschiedener Europäer stehen bei H. C. Kosler, Hrsg., *Warum in die Ferne? Das Lesebuch zum Daheimbleiben*, Frankfurt 1991. Die Frequenz des Wohnungswechsels ermittelte Alphons Silbermann. »Go« als biographische Korrektur steht gleich am Anfang von William Least Heat Moons Reisebericht *Blue Highways* (1983). Frances Fitzgerald verwies auf die philobatische Konstante in *Cities on an Hill* (1986). Zum Vergleich der Sparquoten siehe Fred Blocks Beitrag in dem Sammelband von Alan Wolfe, Hrsg., *America at Century's End*, Berkeley 1991. Auf dieses informative Werk habe ich mich noch mehrfach bezogen.

Das Zitat zur De-Industrialisierung (»Left behind ...«) entnahm ich Katherine Newmans Beitrag »Uncertain Seas« aus Wolfe, 1991, Kap. 6, ebenso die Armutsquote und die Überlegungen zum Generationenvertrag.

Zu den internationalen Beziehungen siehe Sanford Ungar, Hrsg., *Estrangement*, New York 1985; Thomas Powers, *The Man Who Kept the Secrets*, New York 1979 und Robert Schulzinger, *Henry Kissinger*, New York 1989. Die deutschen Zwangsvorstellungen erläuterte R. G. Livingston im *Spiegel* Nr. 4/1992. Die Kritik an Kissinger steht in der *Yale Review* vom Dezember 1975.

Die Merkmale der jüngsten Einwanderergeneration hat überzeugend erfaßt Rubén Rambaut, »Passages to America«, aus: Wolfe, 1991, Kap. 10.

Die Angabe über die zurückgelegten Meilen brachte *USA today* vom 26. 8. 1988, den Hinweis auf den Gerichtskalender fand ich bei E. W. Heine, *Der neue Nomade*, Zürich 1986, S. 81. Die Identifizierung von *speed* und *success* habe ich bei dem Philosophen Paul Weiss gelesen.

Über Amerikanismus und Abenteuerlust schrieb Daniel Boorstin (dazu Lewis Lapham, »Who and What is an American?«, *Harper's*, Januar 1992). Zum Selbstverständnis der Geheimdienste siehe Jim Hougan, *Spooks*, München 1979. Der Werbebroschüre der CIA wurde unter dem Titel »We Are Looking for a Few Good Spies« abgedruckt im *Harper's Magazine* vom Mai 1991. Die Werbung für Lawry's stand in der *SZ* vom 20./21. 3. 1965.

Garry Wills hat früh Nixons Falschheit entlarvt (*Nixon Agonistes*, 1969). Die »Idiotie« der Postmoderne geißelte Steven Watts im *American Quarterly* vom Dezember 1991, S. 625 ff. Die »transzendentale Einheit« ironisierte Eqbal Ahmad in seinem Beitrag für den von Allen Davis herausgegebenen Sammelband *For Better or Worse*, Westport 1981, S. 123.

Zum ökologischen Aspekt der Objektbeziehungen vergleiche Josef Heringer/R. Schumacher, »Die Gefährdung land- und forstwirtschaftlich genutzter Böden als Problem der internationalen Umweltpolitik«, aus: P. C. Mayer-Tasch, Hrsg., *Die Luft hat keine Grenzen*, Frankfurt 1986. Die ignorierte Selbstmörderin erwähnt Patricia Bosworth, *Diane Arbus*, München 1984, S. 360, die Beobachtung über vergessene Häftlinge stammt aus Bangkok und stand im *Spiegel* Nr. 5/1987.

Robert Pirsigs *ZEN* wurde zitiert nach der Ausgabe von 1984. Sein neuer Roman heißt *Lila* (1991). Ein Feature über Pirsig findet sich in der *International Herald Tribune* vom 12./13. 10. 1991.

Zum Gemeinschaftsgeist siehe Claude Fischer, »Ambivalent Communities«, bei Wolfe, 1991, Kap. 4, ferner Robert Bellah et al., *Habits of the Heart*, Berkeley 1985 und die kritischen Essays hierzu, u. a. von Frederick Jameson, bei Charles Reynolds/R. Norman, Hrsg., *Community in America*, Berkeley 1988. Von »Communities mit beschränkter Haftung« hat Morris Janowitz gesprochen.

Den pervertierten Philobatismus beobachtete Richard Ford an sich in dem Essay »An Urge for Going«, in: *Harper's*, Februar 1992, S. 60. ff.

AUSGEWÄHLTE LITERATUR

Hermann Argelander, *Der Flieger. Eine charakteranalytische Fallstudie*, Frankfurt 1972

Michael Balint, *Thrills and Regressions*, London 1959

John Bowlby, »The Nature of the Child's Tie to his Mother«, in: *International Journal of Psycho-Analysis*, 39, 1958, S. 350–73

Erik Erikson, *Childhood and Society*, New York 1963

Frances Fitzgerald, »The American Millenium«, aus: S. Ungar, Hrsg., *Estrangement*, New York 1985, Kap. 11

Ina-Maria Greverus, *Der territoriale Mensch. Ein literatur-anthropologischer Versuch zum Heimatphänomen*, Frankfurt 1972

Edward Hall, *Proxemics*, New York 1963

Alex Inkeles, »Continuity and Change in the American National Character«, in: *The Tocqueville Review*, Frühjahr/Sommer 1980, S. 22–51

Paul M. Insel und Henry Lindgren, *Too Close for Comfort. The Psychology of Crowding*, Englewood Cliffs 1978

Seymour Martin Lipset, *Continental Divide. The Values and Institutions of the United States and Canada*, New York 1990

George W. Pierson, »The M-Factor in American History«, aus: Michael Giffert, Hrsg., *The Character of Americans*, Homewood 1964, S. 118–30

David Potter, *People of Plenty*, Chicago 1964

Constance Rourke, *American Humor*, New York 1931

Philip Slater, *The Pursuit of Loneliness*, Boston 1970

René Spitz, *Die Entstehung der ersten Objektbeziehungen*, Stuttgart 1973

Alan Wolfe, Hrsg., *America at Century's End*, Berkeley 1991

EINE REIHE
HERAUSGEGEBEN
VON
SABINE GROENEWOLD

REDEN

Band 1
Thomas Mann
Deutschland
und die Deutschen (1945)
mit einem Essay
von Hans Mayer
ISBN 3-434-50101-0

Band 2
Goethe
Rede zum
Shakespeares-Tag (1771)
mit einem Essay
von Klaus Schröter
ISBN 3-434-50102-9

Band 3
Gabriele D'Annunzio
Rede am 17. Mai 1915
mit einem Essay
von Gaston Salvatore
ISBN 3-434-50103-7

Band 4
Juan Carlos von Spanien
Rede am 23. Februar 1981
mit einem Essay
von Walter Haubrich
ISBN 3-434-50104-5

Band 5
Hans Magnus Enzensberger
Büchner Preis-Rede 1963
mit einem Essay
von Friedrich Dieckmann
ISBN 3-434-50105-3

Band 6
Dostojewski
Rede über Puschkin
am 8. Juni 1880
mit einem Essay
von Volker Braun
ISBN 3-434-50106-1

Band 7
Sandor Petöfi
Rede am 15. März 1848
(Nationallied)
mit einem Essay
von Zsuzsanna Gahse
ISBN 3-434-50107-x

Band 8
Ferdinand Lassalle
Über Verfassungswesen 1862
mit einem Essay
von Ekkehart Krippendorff
ISBN 3-434-50108-8

Band 9
Arnold Schönberg
Totenrede auf
Gustav Mahler 1913
mit einem Essay
von Werner Hofmann
ISBN 3-434-50109-6

Band 10
Otto Wels
Rede zum
Ermächtigungsgesetz
am 23. März 1933
mit einem Essay
von Iring Fetscher
ISBN 3-434-50110-x

Europäische Verlagsanstalt

eva
Europäische
Verlagsanstalt
Parkallee 2
2000 Hamburg 13
Telefon 040/44 72 83
Fax 040/44 86 18